決定版
はじめての花づくり

山田幸子

講談社

決定版 はじめての花づくり 目次

Part 1 草花のある風景 …… 7

花のある庭 …… 8
コンテナコレクション …… 14
ハンギングバスケットコレクション …… 20

Part 2 ひと鉢からはじめてみよう …… 23

ひと鉢でも魅力たっぷり
お気に入りの花と鉢を見つけよう …… 24

花がほしいと思ったら… …… 28

これだけあればすぐできる
園芸用品とその使い方 …… 30

冬に鉢花を育てたら…

お気に入りの鉢に植え替えましょう …… 32

長く咲かせることを目標にします …… 34

はじめての鉢花図鑑 …… 36

アザレア／エラチオールベゴニア／エリカ／カランコエ／サイネリア／シクラメン／スイセン／ハーデンベルギア／ハツコイソウ／プリムラ・オブコニカ／プリムラ・ポリアンサ／ポインセチア／ユーフォルビア '白雪姫'／レースラベンダー

冬に鉢花を育てるなら…

ウインターコスモス／クリサンセマム・ムルチコーレ／シュッコンネメシア／ダイアンサス 'テルスター'／デージー／ブルーデージー／フロックス／ユーフォルビア 'ダイヤモンドフロスト'／ワスレナグサ

春にポット苗を買ってきたら…

お気に入りの鉢に植えて育てましょう …… 40

庭やベランダできれいに咲かせましょう …… 42

はじめての草花図鑑 …… 44

オステオスペルマム／ガーベラ／ガザニア／キンギョソウ／クリサンセマム 'ノースポール'／クリサンセマム・マ

秋に球根を買ってきたら…

鉢に植えつけると春に咲いてくれます …… 48

はじめての球根図鑑 …… 50

アネモネ／クロッカス／シラー・カンパヌラータ／シラー・シベリカ／スノードロップ／ダッチアイリス／チューリップ／ハナニラ／ヒアシンス／フリージア／ミニアイリス／ムスカリ／ラナンキュラス

鉢花を育てたら…

宿根草や花木は翌年も楽しめます …… 54

Part 3 さらに草花を咲かせて楽しむ ……57

寄せ植えをつくる

大きめの鉢に寄せ植えをつくります ……58

寄せ植えのバリエーションを楽しみます ……60

寄せ植えに向く草花図鑑 ……62

主役となる花
ガーデンシクラメン／キク／クリムソンクローバー／ジニア・プロフュージョン／ニコチアナ／ニチニチソウ／バーベナ

わき役となる花・高さを出す花
アルテルナンテラ'千日小坊'／ギンバイカ／ゴールドクレスト／コルジリネ・オーストラリス／ジニア・リネアリス／ブラキカム／マーガレット／リマツリ

動きを出す花
イオノプシジウム／カレックス'エバーゴールド'／スイートアリッサム

野菜とハーブ

イチゴ／カモミール／コマツナ／シソ／ニラ／バジル／パセリ／ピーマン、シシトウ／フェンネル／ブルーベリー／ミズナ／ミニトマト／ミント／リーフレタス／レモンバーム／ロケット

カラーリーフプランツ

イポメア／オリヅルラン／グレコマ／コリウス／シロタエギク／ヘデラ／ヘリクリサム／ワイヤープランツ

ハンギングバスケットをつくる

ハンギングバスケットをつくります ……72

ハンギングバスケットのバリエーションを楽しみます ……74

ハンギングバスケットに向く草花図鑑 ……76

主役やわき役となる花
アイビーゼラニウム／アメリカンブルー／イソトマ／カリブラコア／スカエボラ／ゼラニウム／ダールベルグデージー／トレニア／ナスタチウム／ハボタン／フクシア／ベゴニア・センパフローレンス／ペチュニア／ランタナ／ロベリア・エリヌス

Part 4 花のある庭をつくろう ……83

花壇をつくる

庭や花壇の草花図鑑

花壇の土づくりが大切です ……84

混植花壇の年間管理計画を立てます ……86

花壇の配植をし、植えつけます ……88

庭や花壇の草花図鑑 ……90

低木
カシワバアジサイ／ギョリュウバイ／メラレウカ

宿根草 高性（草丈60cm以上）
アカンサス／シュッコンサルビア／タチアオイ

宿根草 中性（草丈30〜60cm）
アガパンサス／アキレア／ガウラ／フイソステギア／ヘメロカリス／ミヤコワスレ／ユーパトリウム／ラベンダー

宿根草 わい性（草丈30cm以下）

エリゲロン・カルビンスキアヌス／クローバー／シュッコンバーベナ／ラムズイヤー

一年草　冬〜春に咲く

カレンデュラ"冬知らず"／ストック／パンジー、ビオラ

一、二年草　春〜初夏に咲く

アグロステンマ／カンパヌラ・メディウム／コツラ・バルバータ／ジギタリス／デルフィニウム／ニゲラ／ハナビシソウ／ヒメキンギョソウ

一年草　初夏〜秋に咲く花

アゲラタム／アンゲロニア／インパチェンス／カスミソウ"ガーデンブライド"／クレオメ／ケイトウ／ゴシキトウガラシ／コスモス／サルビア／サンパチェンス／センニチコウ／ネコノヒゲ／ヒマワリ／マリーゴールド／メランポジウム

人気の花

バラ　ブッシュローズ／クレマチス

緑のカーテンをつくる花

アサガオ／ニガウリ／フウセンカズラ／ヨルガオ

半日陰の宿根草

クリスマスローズ／アクイレギア／アジュガ／ギボウシ／シュウメイギク／シラユキゲシ／ヒューケラ／フウチソウ／リシマキア・ヌンムラリア

Part 5　園芸の基本のき……109

植物の基本

植物のしくみと基本的な働きを理解しましょう……110

原産地と園芸的分類から育て方がわかります……112

置き場所の基本

草花の育ち方は日照条件で異なります……114

ベランダはアウトドアリビング。植物とともにくらします……116

環境の基本

季節の変化に伴って草花の生育状況は変化します……118

土の基本

よい土づくりが大切。植物が喜ぶ土で育てます……120

肥料の基本

肥料は必要なときに必要な量だけ与えます……122

水やりの基本

失敗しない水の与え方をマスターしましょう……124

病害虫対策の基本

草花のおもな病害虫とその対処法です……126

薬剤を使わない防除で環境の保全を心がけます……128

タネまきの基本

- 簡単なものから タネをまいてみましょう … 130

植えつけの基本

- 一年草と宿根草の苗を植えつけます … 134
- 球根と樹木の苗も植えつけます … 136

ふやし方の基本

- 宿根草は株分けでふやします … 138
- 挿し芽でいろいろふやせます … 140

道具の基本

- あると便利な園芸道具とその使い方 … 142

はじめての花づくり植物名索引 … 6
目的別入手先ガイド … 146
これだけは知っておきたい用語解説 … 155
草花図鑑の見方 … 158

コラム

- 室内に向くハイドロカルチャーの ミニ観葉 … 22
- 室内に向くハイドロカルチャーの 寄せ植え … 56
- 土と植物に関する疑問に お答えします！ … 82
- 鉢と植物に関する疑問に お答えします！ … 145

はじめての花づくりの常識

- 水やりはなぜたっぷり？ … 40
- 液肥はあげたほうがよい？ … 42
- 春植えや夏植えの球根もあるの？ … 48
- ユリも鉢植えで育てられる？ … 49
- 水やりの失敗 傾向と対策 … 55
- 花壇や鉢植え用の肥料と、ハンギングバスケット用の肥料は違うの？ … 73
- 寄せ植えするときは どの土を使ったらいい？ … 75
- 日差しの入らないところに 鉢花を飾りたい … 115
- 風はないほうがいいの？ … 116
- 霜って何？ … 119
- 1000倍の液肥って どうやってつくるの？ … 123
- 留守にするときの水やりは どうしたらいいの？ … 124
- 根腐れって？ … 125
- ベランダにドバトがきて困るの … 129
- 育てやすいタネって？ … 131
- タネまきから育てる野菜はほかに？ … 132
- 植えっぱなし球根って？ … 137

図鑑の見方

図鑑は用途に合わせて
「はじめての鉢花」、「はじめての草花」、「はじめての球根」、
「寄せ植えに向く草花」、「ハンギングバスケットに向く草花」、「庭や花壇の草花」
の6つに分かれています。
データは東京の平野部標準で表示してあります。

図鑑データの読み方

④その植物の主な鑑賞部位である花や葉、実の色
花色：✿(桃) ✿(赤) ✿(青と紫) ✿(橙) ✿(黄)
　　　✿(白) ✿(緑) ✿(黒) (その他)
葉色：(桃) (赤) (橙) (黄) (緑) (黒)
　　　(淡緑) (銀葉) (銅葉) (斑入り)
実色：●(赤) ●(橙) ●(黄) ●(青と紫) ●(緑)

⑤その植物が好む日照条件
☀：日なた＝1日4時間以上直射日光が当たるところ
◐：半日陰＝1日2〜4時間日が当たるところ
●：日　陰＝1日の日照時間が2時間未満だが、ある程度日照があるところ

①その植物の一般に流通している名前

芳香のある花が魅力
フリージア
（アサギズイセン）

③その植物の別名

⑥植物学上の分類

②基準種に心地よい香りがある場合に表示

花色：✿✿✿✿✿✿　日照：☀
アヤメ科　半耐寒性球根　原産地：南アフリカ
草丈：30〜40cm　開花期：3〜4月

⑦園芸学上の分類

⑧その植物が自生している代表的な地域

⑨草花の最盛期の高さや樹木の一般的に成長する高さや観賞によい高さ、またはつるの長さ

⑩その植物の花の開花時期や葉を観賞するのに適した時期

特徴：花径3〜4cm、花茎の先端に5〜10輪の花を咲かせ、芳香をふりまきます。一重と八重咲きがあります。
栽培：4号鉢に3球が目安。寒さに弱いので南関東以西では鉢植えにして軒下などで越冬。寒冷地は室内に入れます。

⑪その植物の特徴、栽培適地など

⑫栽培するにあたってのアドバイス

Part 1
草花のある風景

花を育てましょう。
庭には花色をコーディネートして季節の花を植えます。
ベランダにはお気に入りの鉢に寄せ植えをつくります。
あこがれの庭を目標にするのも素敵。
花があるとくらしが豊かになります。

2種のクリスマスローズとワイヤープランツ

花のある庭
春

サクラが咲きだすと春。
うららかな光の中で次々に花が咲き、
庭にいるのが楽しくなります。
花を愛で、花から元気をもらいます。

道行く人も楽しめる道路沿いの春のボーダー花壇。秋にタネをまき、11月にパンジーとともに苗を植えつける。4月、春の花が次々に開花の時を迎える。クリサンセマム・ムルチコーレ、ハナビシソウ、アスペルラなど。

季節の花々が咲き乱れる庭。チューリップが咲きだすと、お気に入りのベンチに座って庭を眺めているのが楽しくなる。

Part 1 草花のある風景

華やかなバラの季節。つるバラやブッシュローズが咲き乱れる香りの庭をつくりたい。

花のある庭 春

花のある庭
夏

家の周りの日照条件によって花を選び、植えつけます。健やかに育ち、花が咲くと、早起きして庭に出るのがうれしくなります。

外構の位置を後ろにずらしてつくった道路沿いの花壇。白花のマトリカリアの間に、赤や黄、ピンクのジニア、高性のサンジャクバーベナなど。タネをまき、春の終わりに苗を1株ずつ植えつける。

あこがれの北海道の花の庭。アルケミラ・モリス、クガイソウ、キバナノコギリソウなどの宿根草が咲き乱れる。

Part 1 草花のある風景

花のある庭 夏

窓下の半日陰のスペースはホワイトガーデン。ホウライシダのやさしい葉色にジギタリス、オーニソガラム・シルソイデスが映える。

庭の一角は野の花のようなナチュラルな雰囲気の花を集めたい。ガイラルディア、ムラサキツメクサ、コレオプシスなど。

庭の外周に沿って石を積み、小さな花壇を。カレックス'エバーゴールド'、オリヅルラン、アジュガ、ギボウシなどのカラーリーフプランツに、初夏〜秋は白花のベゴニア・センパフローレンスを加えて。

花のある庭 秋

ヒガンバナが咲くと秋。
秋の花を少し庭に加えて、
秋色の庭を楽しみましょう。
そして冬へと向かうひと時を
感じたいと思います。

秋花壇は夏の続き。でもケイトウ、トレニア、ジニア・リネアリスの花色は気温が下がるにつれて冴えてくる。

秋花壇の主役は白花のシュウメイギク。カラミンサやネコノヒゲの白色に、紫のユウゼンギクやベロニカ、ユーパトリウムが彩りを添える。

Part 1 草花のある風景

花のある庭 秋／冬

花壇に敷石で市松模様をつくり、変化を出す。オキザリス、ストック、プリムラ・ポリアンサジュリアン系、イチゴ、ハボタンなど。

落葉樹の株元でクリスマスローズの花が咲き出すともうすぐ春。日差しも明るさを増す。

花のある庭 冬

南関東以西の地域限定ですが、冬も庭で花を楽しめます。でも気象情報に注意して寒波のときは防寒してやります。

カエデが葉を落として冬を迎えた頃、冬咲きのスイセンの花が咲き出し、冬の庭を彩る。

春のコンテナコレクション

春の花を集めてコンテナに植え、
あちらこちらに置いてみましょう。
陽光を浴びて次々に咲き出し、
春色に染めてくれます。

4月に咲くヒメリンゴの白い花に合わせて、コンテナも淡いブルーのペンキでお化粧を。ロベリアの白と紫、斑入りのタイムで足下を飾る。秋に実るヒメリンゴの赤い実も楽しみ。

スタンダード仕立てのミニバラ。株元のラベンダーと真っ赤なペチュニアが映えて、庭のアクセントに。

Part 1 草花のある風景

春のコンテナコレクション

晩秋にビオラの間に植えたチューリップの球根がようやく開花。お客様を迎えるために門扉のところに飾る。

7月、大輪のオリエンタル系のユリが咲きはじめ、芳香を放つ。ユリの足元をインパチェンスやカスミソウ'ガーデンブライド'で補い、庭の中央に飾ると、いちだんと華やか。

夏のコンテナコレクション

真夏の太陽に負けない元気な花を集めてみましょう。水やりが大変ですが、手間をかけた分だけきれいに咲いてくれます。

丈の低いコンテナにつるを伸ばさないクレマチスを主役に、マーガレット、ブルーデージー、アルストロメリアなどを添えてアプローチに置く。

Part 1 草花のある風景

テラスの一角に夏の花のコンテナを集めて。カンパヌラ、レーマニア、サンビタリアなど。

夏のコンテナコレクション

秋のコンテナコレクション

秋らしい時季はほんのわずか。だからこそ秋の花をコンテナに植えて、秋の色、秋の風を、庭で感じたいと思います。

長方形のコンテナに秋色の寄せ植え。銅葉のコルジリネ・オーストラリスとコリウス、ゴシキトウガラシに、白花のユーフォルビア'ダイヤモンドフロスト'とジニア。

円筒形のコンテナを台にして、底の浅いバケツ形のコンテナに、白と紫がベースのシックな寄せ植えを。サルビア'インディゴスパイア'、ペンタス、アカバセンニチコウなど。

Part 1 草花のある風景

秋のコンテナコレクション／冬のコンテナコレクション

冬のコンテナコレクション

お気に入りの鉢に植えて、陽だまりで咲く冬の花を楽しみましょう。なぜかホッとした暖かい気分になるから不思議です。

ウッドデッキのストロベリーポット。ポケットにはプリムラ・ポリアンサジュリアン系やヘリクリサム、頂部にはユリオプスデージーとプリムラなど。

黄花のエリカ・パターソニア、プリムラ・マラコイデス、パンジー、スイートアリッサムなどをローボールタイプの鉢に植えて。

ピンクのアイビーゼラニウムが主役、薄紫花のイソトマ、ヘリクリサムが主役を引き立てる。

玄関まわりは季節ごとに花を替えたい。ニチニチソウとヒメコリウスの夏のハンギングバスケット。

Part 1 草花のある風景

ハンギングバスケットコレクション

玄関を飾るハンギングバスケット。
オレンジ花のジニア・リネアリス、
白と紫のペチュニアなど。

ハンギングバスケットコレクション

壁面を飾る小さな空中花壇。
季節ごとの草花を選び、
あなたらしいバスケットを
つくりましょう。

トレリスを飾るパンジーのハンギングバスケット。暖かみのある黄花と紫のビオラのコントラストを楽しむ。

室内に向くハイドロカルチャーのミニ観葉

ハイドロカルチャーのミニ観葉　最上段左から順に、ブレイニア、ゼブリナ・ペンデュラ、ブーゲンビレア、ドラセナ、2段目ポトス、ステレオスペルマム、ピレア、オリヅルラン、3段目ピレア、テランセラ、ヘデラ、イポメア、4段目アジアンタム、シンゴニウム、クラプトフィラム、フィカス・プミラ

ハイドロカルチャーとは、水栽培のこと。土の代わりに発泡煉石（ハイドロボール）で観葉植物を植え込み、容器の底に少しだけ水をためて育てる方法です。

発泡煉石とは粒状の粘土を高温で焼成発泡させたもの。臭いも病害虫の心配もなく、清潔です。キッチンやダイニングルームのテーブルなどでも安心して植物を育てることができます。また、容器の底の穴が不要ですから、身近にあるお気に入りのガラス器や陶器を使うことができます。

小さな器に植えられたミニ観葉が市販されています。観葉植物は葉の色や形、草姿がさまざま。お気に入りのものを選びましょう。

置き場所は明るい室内の直射日光の当たらないところ。管理も容易です。水がなくなったら器の1/5まで水を入れるだけ。多すぎると根は呼吸できなくなりますから、控えめを心がけます。陶器など、不透明な器の場合は水位計がセットされたものを入手します。

1年に1回、発泡煉石も器もきれいに洗い、長く伸びすぎた根は切り、水の汚れを防ぐ珪酸塩白土を底に敷いて植え直します。

Part 2
ひと鉢から
はじめてみよう

花のあるくらし、
気軽に、まずひと鉢から
はじめてみましょう。
季節の鉢花やポット苗、
球根を入手して、
お気に入りの鉢に植えます。

カランコエ

ひと鉢でも魅力たっぷり

同じ花でも鉢によって雰囲気が変わります。
同じ鉢植えでも飾る場所によって
思わぬ表情を見せてくれます。
ひと鉢でも花があると心楽しくなります。

ロベリア・エリヌスとディアスシアを陶製の壁掛けポットに植えて、さりげなく飾られた玄関まわり。花に囲まれて、猫も気持ちよさそう。

エキウムはヨーロッパ原産のムラサキ科の一年草。大きめの素焼き鉢で育てて、冬から咲き続けるユリオプスデージーの前に置くと、庭は華やかな春色になる。

ロベリア・エリヌスは4～5月に小さな花があふれるように咲き出す。道行く人にも見てもらいたくて、玄関先に飾る。

Part 2 ひと鉢からはじめてみよう

ひと鉢でも魅力たっぷり

ピンク、赤、黄とカラフルな花色のポーチュラカは、ほかの花と混ぜないで植えたい。暑くてぐったりするような日でも、この花は元気。

夏

カシワバアジサイを大型のコンテナに植えて、お客様をお出迎え。

大輪のルドベキアのポット苗を木製の鉢に植えて、庭の小道のアクセントに。

鉢をコスモスでいっぱいにして、庭に秋を演出。花がら摘みをこまめにして、できるだけ長く楽しみたい。

秋

ガーベラ3株をお気に入りのコンテナに植えて、ベランダのテーブルを飾る。冬は室内の日当たりのよい窓辺で育てると咲き続けてくれる。

シックな花色のキクを大きめの鉢に植えて、秋を迎える。花がら摘みをこまめにして最後の蕾(つぼみ)まで咲かせたい。

Part 2 ひと鉢からはじめてみよう

ひと鉢でも魅力たっぷり

冬

レイズドベッドで咲き出したクリスマスローズに合わせて、シックな花色のパンジーの鉢植えをアイアンスタンドに入れて。

ブリキの鉢にガーデンシクラメンを植えて。アンティークな雰囲気を楽しむ。

サイネリアの仲間、セネシオ'貴凰'を鉢に植えて。

お気に入りの花と鉢を見つけよう

花屋に出かけましょう。
季節の鉢花やポット苗を選んで、
鉢に組み合わせます。
さあ、さっそくはじめてみましょう。

冬の鉢花プリムラ・マラコイデス
きれいなピンクの花色にひかれて。窓枠の色に合わせた白色のお気に入りの鉢に植え替えて（→p.32）。

Part 2 ひと鉢からはじめてみよう

ひと鉢でも魅力たっぷり

ポット苗のシュッコンネメシア
春色のやさしいピンクの花にひかれて、お気に入りの鉢に植える（→p.40）。

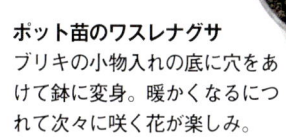

ポット苗のワスレナグサ
ブリキの小物入れの底に穴をあけて鉢に変身。暖かくなるにつれて次々に咲く花が楽しみ。

ポット苗のクッションブッシュ
ユニークな草姿の銀白色の植物にひかれて、ダークグリーンにペイントした鉢に植える。クッションブッシュは多湿を嫌うオーストラリア産のキク科の半耐寒性常緑低木。

冬の鉢花レースラベンダー
すらっとした草姿に合わせて、丈のある鉢を選んで植え替える。冬の室内の窓辺に飾りたい。

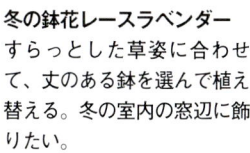

冬の鉢花スイセン
早咲きのスイセンを野趣のある鉢に植え替えて、春の訪れを待ちたい。凍らない程度の温度で長く咲く。

これだけあればすぐできる 園芸用品とその使い方

花がほしいと思ったら…

「花がほしい！」「花を育てたい！」と思ったときに用意する、園芸用品とその使い方を紹介します。

ひと鉢からはじめるガーデニング。素敵なガーデニンググッズを、こだわりをもって集めるのもよいでしょう。すぐに使えるように出しっぱなしにしておいても、おしゃれなインテリアグッズになって素敵です。あるいは家にあるものを活用して、とりあえず必要最低限のものを用意して、はじめてみるのもおすすめです。

鉢

植木鉢やプランターなど、植物を植える容器を総称してコンテナといいます。材質やデザイン、大きさはさまざまです。植物と置く場所の雰囲気に合わせて、お気に入りを選びたいものです。

素焼き鉢は粘土を焼いたもので、通気性と排水性がよいので植物がよく育ちます。ただ土が乾きやすいので水やりの回数が増えます。重く、落とすと割れますが、形やデザインが豊富です。

プラスチック鉢は通気性、排水性、断熱性が素焼き鉢より劣りますが、安価で軽く、色や形、デザインも豊富です。

化粧鉢は素焼き鉢に釉薬をかけて焼いたもの。装飾性が高いものが多いようです。

鉢の大きさは口径（直径）を号数で表します（鉢裏などの数字）。1号は約3㎝、4号は約12㎝に相当します。よく使われるのは2〜10号です。鉢の深さが口径と同じものが普通鉢、深さが口径より浅い浅鉢や逆の深鉢もあります。

鉢皿

室内用には鉢皿があると、その場で水やりができて便利です。鉢と同じ材質や色のものを選ぶとよいでしょう。なお、水やりのあと、鉢皿にたまった水は必ず捨てておくこと。水をためたままにしておくと、鉢土が常に湿った状態になり、土の中の酸素が不足して根が元気をなくします。

鉢底ネット

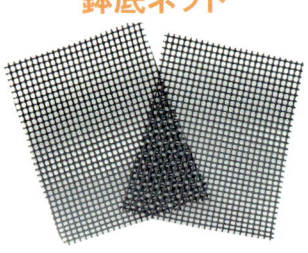

鉢底の穴をふさぎ、土の流出と害虫の侵入を防ぐために使います。シート状のものが市販されていますから、鉢底穴の大きさに応じてカットして使います。

鉢底石

6号（直径18㎝）鉢以上の大きな鉢を使う場合、水はけをよくするために、鉢底に少しだけ入れます。鉢底石として市販されていますが、園芸用の軽石でも利用できます。

Part 2 ひと鉢からはじめてみよう

花がほしいと思ったら…

緩効性化成肥料

化学的に合成された肥料で、効果が長く持続するタイプです。入手した培養土が元肥入りでない場合はすぐに必要です。また、育てていると肥料が切れて花が咲かなくなる場合があります。きれいな花を咲かせ続けるために与える肥料を追肥といいますが、緩効性化成肥料は追肥にも使えます。マグァンプKやマイガーデンなどの小袋を用意しましょう。

草花用培養土

植物がよく育つように、何種類かの用土をブレンドしてあるので、すぐに使えて便利です。草花用や野菜用、タネまき用などが市販されています。
鉢花やポット苗をひと鉢育てるなら、草花用培養土2～5ℓ入りなどを入手します。安価なものは粗悪品の場合が多いようですから、気をつけます。
土が余ったら、袋の口をしっかりしばり、雨の当たらないところで保管します。

土入れ

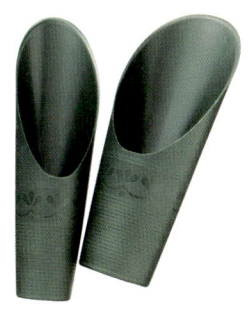

鉢の土を入れるのに使います。筒状なので土がこぼれにくく便利です。プラスチック製やステンレス製のものが大小組み合わされて市販されています。ペットボトルで手づくりしてもよいでしょう。

園芸用ハサミ

クラフトチョキとも呼ばれる、軽くて刃先が細く、握る部分が大きいタイプのものがおすすめです。鉢花の花がら摘み（咲き終わった花を切ること）や切り戻し（伸びすぎた茎などを切ること）など、花をきれいに咲かせるための細かい手入れに向きます。

ジョウロ

戸外用には軽くて持ち運びがラクな、ポリエチレン製で容量2～4ℓのものが重宝します。水やりは弱い水流で静かに注ぐのが基本ですから、ハス口は穴が細かいものを。ハス口を上向きにすると、広い面積にふんわりと水やりできます。ハス口を下向きにすると目的の位置に集中的に水やりができます。株元の土だけに水やりするにはハス口を取り外します。

水差し

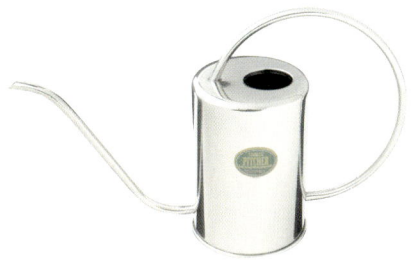

室内用には鉢土に直接水を注げる、注ぎ口が細い水差しが便利です。ペットボトルなどで代用してもよいでしょう。

冬に鉢花を買ってきたら…

お気に入りの鉢に植え替えましょう

戸外に花が少ない冬は、室内で楽しむ鉢花が豊富に出回ります。花店で見つけたかわいい鉢花、育ててみませんか？

プラ鉢とポリポットの2重鉢？

プラ鉢入りの鉢花のつもりで購入したのに、2重になっているものがある。このまま育てると、鉢底穴が一致しないので、鉢の間に水がたまって水はけが悪くなる。このような鉢花は植え替えが必要となる。

室内の窓辺で長く咲く冬の鉢花 プリムラ・マラコイデス。

用意するもの

4号鉢のプリムラ・マラコイデス、5号鉢（プラ鉢がすっぽり隠れる程度の大きさ）、鉢底ネット、草花用培養土（元肥入り）、土入れ、箸、ハサミなど

鉢花とは、すぐに観賞できるようにプラスチック鉢などに植えられた開花中の植物のこと。花店には年じゅう季節の鉢花がいろいろ出回ります。まず鉢花をひと鉢、育ててみましょう。できるだけ長く咲かせて楽しむことを目標としましょう。

新しくて元気な株を選ぶ

冬に出回る鉢花の多くは温室育ちです。生産者から花店まで、さらにあなたの部屋と、環境が大きく変化します。花の種類によっては小さな蕾（つぼみ）は開かない恐れがあり、ある程度花が咲いたものの方が安心です。そして花店に入荷してできるだけ新しいもの、葉色や花色がよく、元気な株を選びましょう。

お気に入りの鉢に植え替える

鉢花の多くは、花店に並んでいる時点で鉢の中は根がいっぱいの状態が多いようです。また、鉢花は白や茶色のプラスチック鉢に植えられていますから、そのまま飾るのでは味気なくなりがちです。ひと回り大きな鉢（4

32

植え替えプロセス

Part 2 ひと鉢からはじめてみよう — 冬に鉢花を買ってきたら…

1 鉢底ネットで鉢底穴をふさぎ、草花用培養土を2～3cm入れる。

2 ウォータースペース確保のため、鉢とポットの上縁がそろう程度に、**1**の培養土の量を加減する。写真右は少なすぎるのでもう少し培養土を入れる。写真左は多すぎるので培養土を減らす。

3 ポットを外し、根鉢（鉢の形のままの根と根の周りの土）をくずさないように鉢に入れる。根鉢と鉢の間に培養土を詰める。

4 箸を左右にゆすって土を導き入れ、さらに土を詰める。鉢を持ち上げ、トントンと軽く台に打ちつけ、さらに土を詰める。

ウォータースペースとは？

水やりのときに一時的に水をためるスペースのことで、鉢の上縁から2～3cm下までは土を入れない。上縁まで土があると十分に水がしみこまず、水やりのたびに土が流れてしまう。

5 水差しで株元に静かに水やりする。鉢底穴から水が流れ出るまでたっぷり与える。水圧でくぼみができた部分には土を足しておく。

植え替えのポイント

こうすると根詰まりを防ぎ、新たに根が伸びて花つきがよくなります。また、小さな鉢に根がいっぱいの状態では、鉢土がすぐに乾いて水やりが大変です。ひと回り大きな鉢に植え替えると土の容量が増えて、水やりの管理がラクになります。さらに、置き場所の雰囲気にマッチしたお気に入りの鉢なら、がらりと印象が変わって、愛着もわきます。

さあ、ベランダや軒下の陽だまり、部屋の隅などで、新聞紙を大きく広げて、植え替えましょう。用意するものは、鉢花、ひと回り大きなお気に入りの鉢、市販の草花用培養土（元肥入り）、鉢底ネット（土の流出を防ぎ、害虫の侵入を防ぐ）、土入れ、箸などです。

まず鉢底ネットで鉢底穴をふさぎ、培養土を少し入れます。少しとは、鉢花を鉢のまま入れて、上縁がそろう程度。こうするとウォータースペース（水やりのとき一時的に水をためる空間）も確保できます。

さて、鉢を外して、根鉢（鉢の形のままの根と根の周りの土）をくずさず鉢に入れ、根鉢と鉢の間に土入れで「しっかり（プロセス参照）」土を詰めます。最後に鉢底穴から水が流れ出るまでたっぷり水やりします。

号鉢の場合は5号鉢）に植え替えます。

冬に鉢花を買ってきたら…
長く咲かせることを目標にします

大切なあなたの鉢花、長く咲かせるためには、置き場所に気をつけること。水やり、花がら摘み、追肥に気を配ります。

置き場所

プリムラ・マラコイデスも含めて、冬の鉢花は太陽が大好き。耐寒性もないので、戸外ではなく、室内の日当たりのよい窓辺がよい。ただし窓ぎわは夜になると急に冷え込むので注意。明け方の最低気温が7～10℃を保つような場所に移動する。なお、暖房の温風には絶対に当てないこと。

水やり

鉢土が乾いているのを確かめ、鉢土に直接、鉢底穴から水が流れ出るまで、たっぷりと与える。花や葉に水をかけないように、注ぎ口の細い水差しなどを使うとよい。鉢皿にたまった水は必ず捨てておく。そのままにしておくと鉢土は湿った状態で新鮮な空気が補給されず、根は呼吸困難になり、根腐れを起こす。

置き場所は日当たりのよいところ

鉢花は日当たりのよいところに置きます。

冬の鉢花は室内の南向きの日当たりのよい窓辺がよいでしょう。日当たりが悪いと植物はうまく育たず、徒長といって茎ばかりが伸び、花が咲かなくなります。

また、時おり窓を開けて新鮮な空気を送り込むと、植物は元気に育ちます。

冬は暖房を入れていますが、多くの鉢花は昼間20℃前後、夜7～8℃を好みます。部屋の明け方の最低温度を確かめ、置き場所を決めましょう。窓ぎわは夜になると急に冷え込みます。部屋の中央部やテーブルの上などの高い位置の方が一般的に暖かいようです。移動してやります。

逆に、気密性の高い室内は、暖房を切っても温度があまり下がらないようです。最低気温が20℃近くあると、花が咲かなくなります。夜は適温になる場所に移動します。

また、暖房の温風が直接当たる場所には絶対に花を置かないこと。熱と乾燥で、一晩で枯らしてしまうほどダメージを与えます。

34

Part 2 ひと鉢からはじめてみよう

冬に鉢花を買ってきたら…

花がら摘み

プリムラ・マラコイデスの花がら摘みは、1輪ずつ、しおれてきた花をハサミで切り取る。さらに咲き終わった花房は花茎の元からハサミで切る。こうするといつもきれいな状態で、新しい花も次々に咲く。

追肥

肥料袋などの説明書をよく読み、粒状のものは規定量を鉢土の表面にばらまく。フォークなどで鉢土の表面を軽く耕して肥料と土を混ぜる。こうすると土の排水性と通気性もよくなる。

毎日チェックする

毎日、1回以上は花を愛(め)で、ついでに元気に育っているか、チェックしましょう。毎日見ていると、病害虫の発生も初期に発見できます。病害虫が発生したら、害虫は見つけて捕殺します。病気は葉など、病変した部分をとって伝染を防ぎます。

水やり

鉢土の表面が乾いていたら、鉢土に直接、たっぷり水やりします。

「乾いている」かは、鉢土の色や触った感じや、鉢を持ち上げて鉢の重さで確かめます。「たっぷり」とは、鉢底穴から水が流れ出るまでです。鉢皿にたまった水は必ず捨てておきます。

花がら摘み

咲き終わった花を花がらといますが、これを摘み取ること。そのままにしておくと見苦しいだけでなく、病気の発生源になりがちです。また、結実すると養分がそちらにとられて次の花が咲かなくなります。

追肥は月1回

肥料が足りなくなると花が咲かなくなります。1ヵ月に1回、緩効性化成肥料を規定量、株元にばらまき、鉢土の表面を軽く耕しておきます。あるいは液肥を説明書通りに希釈して、水やりの代わりに与えます。

はじめての鉢花図鑑

鉢花とは、開花まで育てられ、そのまま観賞できる、鉢植えの草花です。季節ごとに旬の鉢花が出回りますが、戸外に花が少ない冬はとくに鉢花が多い季節です。冬に咲く花、春を先取りした花などを中心に集めてみました。暖かい室内で、また南関東以西の温暖地なら戸外の陽だまりで育てることができるものもあります。

八重咲きやフリル咲きで華やか
アザレア

花色：✿✿○　日照：☀
ツツジ科　半耐寒性常緑低木　原産地：日本、中国
樹高：30〜100㎝　開花期：10〜3月

特徴：日本や中国のツツジが室内用に改良されたもの。花つきがよく、丈夫で、華やかに冬の窓辺を飾ります。
栽培：日当たりがよく、夜の温度が5℃程度で長く咲きます。花がら摘みをこまめに。春から戸外で育てます。

ジャノメエリカ

ベル形の小花を枝いっぱいに咲かせる
エリカ
（ヒース）

花色：✿✿✿✿○　日照：☀
ツツジ科　半耐寒性常緑低木　原産地：南アフリカ、ヨーロッパ　樹高：30〜100㎝　開花期：11〜3月

特徴：丈夫なジャノメエリカを中心に、多種類が出回ります。最低気温5℃程度で長く咲き続けます。
栽培：開花中に鉢土を乾燥させると花や葉が落ちるので注意を。4〜5月に切り戻して植え替え、戸外で育てます。

スズランエリカ

Part 2 ひと鉢からはじめてみよう

はじめての鉢花図鑑

乾燥に強い多肉植物で育てるのが容易
カランコエ
（ベニベンケイ）

花色：🌸🌸🌸🌸🌸　日照：☀
ベンケイソウ科　非耐寒性常緑宿根草　原産地：マダガスカル　草丈：10～20cm　開花期：10～4月
特徴： 自然開花期は冬ですが、一年じゅう流通。一重や八重咲きがあり、開花株は明るい室内で長く咲きます。
栽培： 寒さに弱いので冬は室内で、乾燥気味に（鉢土が乾いて3～4日後にたっぷり水やり）。春～秋は戸外で育てます。

大輪一重や八重咲きなど豪華な花
エラチオールベゴニア
（リーガースベゴニア）

花色：🌸🌸🌸🌸🌸　日照：◐
シュウカイドウ科　非耐寒性常緑宿根草　原産地：南アメリカ　草丈：20～50cm　開花期：11～4月
特徴： 自然開花期は冬ですが、一年じゅう鉢物が流通します。直射日光に弱く、暑さにも寒さにも弱いので室内向き。
栽培： 秋～冬はレースのカーテン越しの日が当たるところで、夜は10～15℃に。花後、わき芽の上で切ると再開花します。

冬の鉢花の女王で、春まで咲き続ける
シクラメン
（カガリビバナ）

花色：🌸🌸🌸🌸🌸　日照：☀
サクラソウ科　半耐寒性球根　原産地：地中海沿岸
草丈：10～30cm　開花期：11～4月
特徴： 大輪から小輪まで、花形や花色が多彩。葉の数だけ花が咲くので葉の数が多く、蕾が多い株を選びます。
栽培： 暖かすぎると花が咲かないので暖房のきいていない部屋の窓辺に。花や球根に水をかけないように注意します。

富貴菊の名もある端正な花形が魅力
サイネリア
（シネラリア、フウキギク）

花色：🌸🌸🌸🌸🌸　日照：☀
キク科　非耐寒性宿根草（一年草扱い）　原産地：カナリア諸島　草丈：15～60cm　開花期：12～4月
特徴： タネで繁殖が一般的ですが、挿し芽でふやす系統もあります。寒さにも暑さにも弱いので、冬～春の室内用鉢花。
栽培： 花がら摘みをこまめに、定期的に追肥します。花後、わき芽のある位置で切り戻すと、二番花が咲きます。

フジに似た小さな花房が目立つ
ハーデンベルギア
（コマチフジ）

花色：🌸🌸🌼　日照：☀
マメ科　耐寒性常緑つる性植物　原産地：オーストラリア　つるの長さ：2～3m　開花期：3～6月

特徴：12～4月に鉢花が流通。南関東以西の温暖な地域なら庭植えにもできます。つるはゆるやかに巻きつきます。
栽培：冬の鉢花は低温で蕾が落ちるので10℃以上を保ちます。花後に切り戻し、春から戸外で、真夏の西日は避けます。

早咲き品種でひと足早い春の訪れを
スイセン
（ナルシッサス）

スイセン'ゼラニウム'　　スイセン'テタテート'

花色：🌼🌼🌼　日照：☀
ヒガンバナ科　耐寒性球根　原産地：地中海沿岸
草丈：15～40cm　開花期：12～4月

特徴：清楚な花姿が人気。ミニの'テタテート'や芳香系の'ゼラニウム'などの鉢花が12月から出回ります。
栽培：促成栽培なので霜には当てないこと。花後、葉が黄変したら水やりをやめて鉢のまま休眠させます。

大輪でパステルカラーの華やかな花色
プリムラ・オブコニカ
（トキワザクラ）

花色：🌸🌸🌸🌸🌼　日照：☀
サクラソウ科　半耐寒性宿根草（一年草扱い）　原産地：中国　草丈：20～30cm　開花期：12～4月

特徴：寒さに弱く、耐陰性があるので室内向きです。葉に触れるとかぶれる場合もあるので素手で触らないこと。
栽培：窓辺近くの明るい場所で育てます。こまめな花がら摘みと定期的な追肥で長く咲き続けます。

扇のような花形と初恋草の名で人気
ハツコイソウ
（レケナウルティア）

花色：🌸🌸🌸🌸🌼　日照：☀
クサトベラ科　半耐寒性常緑低木　原産地：オーストラリア　樹高：15～60cm　開花期：10～4月

特徴：乾燥地に生える低木で、雨が苦手。軒下などで、凍らない程度の温度と日当たりで花がよく咲きます。
栽培：市販の多肉植物用土で入手後すぐにひと回り大きな鉢に植え替えます。寒冷地は室内で育てます。

Part 2 ひと鉢からはじめてみよう

はじめての鉢花図鑑

赤い苞と緑の葉がクリスマスカラー
ポインセチア
（ショウジョウボク）

花色：★★★★☆　日照：☀
トウダイグサ科　非耐寒性常緑低木　原産地：メキシコ
樹高：10〜100㎝　開花期：10〜1月
特徴：中心部の花の周りの苞が色づきます。園芸品種が多く、苞の色は豊富。クリスマスの時期に出回ります。
栽培：耐寒温度は10℃、暖房のききすぎていない部屋の日当たりのよい窓辺で。春〜秋は戸外で育てます。

カラフルな花色で春の訪れを告げる
プリムラ・ポリアンサ

花色：★★★★☆　日照：☀
サクラソウ科　半耐寒性宿根草（一年草扱い）　原産地：ヨーロッパ中北部　草丈：10〜30㎝　開花期：10〜4月
特徴：小型のジュリアン系とともに秋〜冬に出回ります。冬〜早春の窓辺に、温暖地では冬花壇の花としても利用できます。
栽培：暖房のきいた部屋や日照不足では花が咲かなくなります。花がら摘みと追肥で長く咲きます。

羽状の葉と四季咲きが魅力
レースラベンダー

花色：✾☆　日照：☀
シソ科　非耐寒性常緑低木　原産地：地中海沿岸
樹高：30〜60㎝　開花期：1〜12月
特徴：一年じゅう鉢物が流通。灰緑色の葉は羽状に深く切れ込みます。ラベンダーの仲間で、香りはやや弱いようです。
栽培：耐寒温度は5℃程度。冬は室内の窓辺に置き、乾燥気味に管理。春〜秋は戸外へ、夏花壇にも向きます。

純白の苞が白雪姫のイメージ
ユーフォルビア'白雪姫'
（ユーフォルビア・レウコセファラ）

花色：☆　日照：☀
トウダイグサ科　非耐寒性常緑低木　原産地：中央アメリカ　樹高：30〜100㎝　開花期：11〜1月
特徴：ポインセチアと同じ仲間。花は小さく目立ちませんが、ほっそりとした苞が白色です。耐寒温度は10℃。
栽培：冬は室内の日当たりのよい窓辺で、乾燥気味に。春に切り戻して植え替え、戸外の日なたで育てます。

春にポット苗を買ってきたら…

お気に入りの鉢に植えて育てましょう

うららかな春、花店の店先には色とりどりの花つきのポット苗が並びます。さあ、ひと株育ててみませんか。

戸外の日なたで長く咲き続けるシュッコンネメシア。

はじめての花づくりの常識

水やりはなぜたっぷり？

土の中の根は水や養分を吸収するだけでなく、呼吸もしています。ですから、土の中には適度な水と養分、空気があることが必要です。そして、水やりは土の中に水を補給するだけでなく、土の中の空気を入れ替える役目もしています。たっぷり水やりすると、水は土の中の古い空気を鉢底穴から押し出します。そして水が流れ出たあと、新しい空気を土の中に引き込むのです。

用意するもの

3.5号のシュッコンネメシアのポット苗、5号素焼き鉢、鉢底ネット、草花用培養土（元肥入り）、土入れなど

ポット苗とは、軟質のポリエチレン製の鉢（ポリポット）に入った花苗のこと。季節ごとにさまざまなポット苗が出回ります。小さなポリポットは植物にとっては仮の住まい。きれいな花を咲かせるためにはそれなりの大きさの鉢が必要です。お気に入りの鉢につけて育てます。

よい苗の見分け方

長く咲かせるために、まず、元気に育っているよい苗を入手します。

よい苗とは、全体にがっしりして葉の色つやがよいもの。花が数輪咲いていて、いろいろな大きさの蕾があるもの。葉の裏や株元などに病害虫がついていないかもチェックします。下葉が黄色くなっているものは古い苗ですから避けましょう。

お気に入りの鉢に植えつける

ポット苗の多くは3〜3・5号（直径9〜10・5㎝）鉢です。1株植えるなら、4〜5号（直径12〜15㎝）鉢、3株植えるなら7〜

40

Part 2 ひと鉢からはじめてみよう

春にポット苗を買ってきたら…

植えつけプロセス

5 鉢を持ち上げ、トントンと軽く床に打ちつけて土をしっかり詰める。軽く土の表面を手で押さえて土を落ちつかせる。

3 ポットを外し、根鉢をくずさず鉢に入れる。根鉢と鉢の間に土入れで土をしっかり詰める。

1 鉢底ネットで鉢底穴をふさぎ、草花用培養土を2～3cm入れる。

6 水差しで株元に静かに水やりする。鉢底穴から水が流れ出るまでたっぷり与える。水圧でくぼみができた部分には土を足す。

4 箸を根鉢と鉢の間に差し入れ、箸を左右にゆすって培養土を鉢底まで導き入れ、さらに土を足ししっかり詰める。

2 ポットごと鉢の中に入れて、ウォータースペースを確保するため、鉢とポットの上縁がそろうように1の培養土の量を加減する。

植えつけのポイント

8号（直径21～24cm）鉢が目安です。庭やベランダなど、置き場所の雰囲気にマッチした、お気に入りの鉢を選び、入手後すぐに植えつけます。

用意するものは、ポット苗1株、4～5号鉢、市販の草花用培養土（元肥入り）、鉢底ネット、土入れ、箸などです。

鉢底ネットで鉢底穴をふさぎ、培養土を少し入れます。ポットのまま鉢に入れ、鉢とポットの上縁がそろうようにポットの下の培養土の量を加減すると確保できます。土は鉢の上縁から2～3cm下までとし、ウォータースペースを確保すること。

ポットを外して鉢に入れ、土を詰めます。根鉢（鉢の形のままの根と根の周りの土）の周りにすき間があると、水やりのたびに土が沈んで根鉢が外に出てしまい、苗を傷めます。箸を差し入れて左右にゆすって土を鉢底まで導き、鉢を少し持ち上げてトントンと床に軽く打ちつけるなどすると、「しっかり」土が詰まります。軽く土の表面を手で押さえて土を落ちつかせましょう。

最後に鉢底穴から水が流れ出るまでたっぷり水やりします。

春にポット苗を買ってきたら…
庭やベランダできれいに咲かせましょう

お気に入りの鉢に植えつけたポット苗は日当たりのよい戸外で育てましょう。水やり、花がら摘み、追肥などで、長く育てて楽しみます。

切り戻し
切り戻しの適期は花によって異なるが、茎が伸びすぎて草姿が悪くなったり、花つきが悪くなったときに行う。草丈の半分ほどで切ると、わき芽（葉のつけ根にある芽）が伸びて、やがて花をつける。

水やり
鉢土の表面が乾いているのを確かめ、鉢底穴から水が流れ出るまでたっぷり与える。

花がら摘み
1輪ずつの花がら摘みは不要。花房がついている花茎の元の位置（枝分かれしているところ）で切る。

はじめての花づくりの常識

液肥はあげたほうがよい？
追肥として緩効性化成肥料を定期的に施していれば、液肥は不要です。液肥は速効性肥料ですから与えるとすぐに効果がありますが、7〜14日しか効果は持続しません。一方、緩効性化成肥料は約1ヵ月効果が持続します。こまめに、世話をできる方には液肥もおすすめです。

日当たりと風通しのよいところで

植物は水と空気中の二酸化炭素を原料に、太陽の光をエネルギーにして光合成を行い、成長や開花のための養分をつくっています。ですから、植物を育てるのは太陽と水と空気（風）。十分な光合成ができるように、日当たりと風通しのよい場所で育てます。

ただし、植物によっては半日陰を好むもの、半日陰でも花を咲かせるものがあります。図鑑を確かめましょう。

水やりと追肥

戸外の雨に当たる場所に置いてあっても、鉢植えは水やりが必要です。限られた鉢の中で土は乾きやすく、花壇のように地中から水の補給はありません。人が責任を持って水やりしないと枯れてしまいます。

水やりのタイミングは鉢土の表面が乾いたとき。よく確かめ、乾いていなければ与えません。水差しやジョウロのハス口を外して、鉢土に直接注ぎ、鉢底穴から水が流れ出るまでたっぷり与えます。

いろいろな草花の花がら摘みと切り戻し

Part 2 ひと鉢からはじめてみよう　春にポット苗を買ってきたら…

ベゴニアの切り戻し
エラチオールベゴニアは草丈が伸びすぎて花数が減ったら、草丈の半分の位置を目安に、わき芽が出ている上、5mmの位置で切る。わき芽が伸びてまた花が咲く。

シクラメン
シクラメンは、指でつまみ、ねじりながら引っ張ると花茎が元から取れる。

パンジー
パンジーは花茎の元から切る。

プリムラ
プリムラ・オブコニカは花がしおれてきたら、1輪ずつ元から切る。

マーガレット
マーガレットは、花の中心部が盛り上ってきたら、花茎の元から切る。

花がら摘みと病害虫チェック

こまめな花がら摘みや枯れ葉取りも、病害虫の発生を防ぎ、結実を防いで長く咲かせるためのポイントです（35ページ参照）。結実を防ぐためには花びらだけでなく子房の部分も取り除くこと。きれいな状態を保つためには、花茎や花穂の元から切ります。

同時に、病害虫は手遅れにならないように、早期発見、徹底駆除で対処します。

花がぬれると花びらにしみができたり、病気の原因になったりするので、花には水をかけないようにします。

1ヵ月に1回の追肥（35ページ参照）も忘れないようにしましょう。

切り戻し

春～夏を咲かせ続ける花は、長く育てていると茎が伸びすぎて草姿が乱れ、花つきが悪くなってきます。

全体の草丈を半分ほどの位置で、葉があるところを探し、その上5mmほどの位置で切ります。葉のつけ根にあるわき芽が伸びて再び花を咲かせるようになります。

これを「切り戻し」といいます。思い切って切り戻してやりましょう。またきれいな花を咲かせてくれます。

はじめての草花図鑑

季節ごとにポット苗が出回りますが、春になるととくに豊富に出回ります。ポット苗とは、軟質のポリエチレン製の鉢（ポリポット）に植えられた花苗のこと。花が咲きはじめたもの、まだ小さな苗のものなどがありますが、鉢や花壇などに植えて、季節の到来を楽しみます。春～初夏に咲く花、春～秋を咲き続ける花を集めてみました。

光沢のある明るい花が印象的
オステオスペルマム

花色：✿✿✿✿　日照：☀
キク科　半耐寒性常緑宿根草　原産地：南アフリカ
草丈：30～50㎝　開花期：3～5月

特徴：やや這うように株を広げ、花は太陽の光を浴びて開花します。丈夫で育てやすく、南関東以西では越冬します。
栽培：日当たりと風通しのよい場所で育てます。多湿に弱いので水やりに注意。花後に草丈の1/3ほどまで切り戻します。

鮮やかな花色と端正な花形が元気をくれる
ガザニア
（クンショウギク）

花色：✿✿✿✿✿　日照：☀
キク科　半耐寒性常緑宿根草　原産地：南アフリカ
草丈：20～40㎝　開花期：4～11月

特徴：花は直射日光に当たって開きます。強い霜に当てなければ冬も開花し、茎が這うように広がります。強健です。
栽培：水はけのよい土で植え、日なたで育てます。真夏と真冬を除いて定期的に追肥を。花がら摘みはこまめにします。

ほがらかな大輪の花が人気
ガーベラ

花色：✿✿✿✿✿　日照：☀
キク科　半耐寒性常緑宿根草　原産地：南アフリカ
草丈：20～60㎝　開花期：3～5月、9～11月

特徴：一重と八重咲きがあり、花色は豊富。花つきがよく、春と秋を中心に冬も10℃以上あれば咲き続けます。
栽培：雨の当たらない、日なたで育てます。葉が茂りすぎると花が咲かなくなるので、古い葉は摘み取ります。

Part 2 ひと鉢からはじめてみよう

はじめての草花図鑑

丈夫で手間いらずの元気な白花
クリサンセマム'ノースポール'
（ノースポール）

花色：○　日照：☀
キク科　耐寒性一年草　原産地：地中海沿岸
草丈：15〜30cm　開花期：12〜5月

特徴：寒さに強く、南関東以西では冬も戸外で開花します。花壇にも向き、翌年はこぼれダネでもよく育ちます。
栽培：水はけのよい土で植え、日なたで育てます。花がら摘みをこまめにすると花つきがよくなります。

尾びれを広げた金魚のような花形
キンギョソウ
（スナップドラゴン）

花色：✿✿✿✿○　日照：☀
ゴマノハグサ科　耐寒性常緑宿根草（一年草扱い）　原産地：地中海沿岸　草丈：15〜100cm　開花期：4〜7月、9〜12月

特徴：四季咲き品種がふえ、一年じゅうポット苗が流通。短命な宿根草で、関東以西なら宿根します。強健です。
栽培：日なたを好みます。咲き終わった花穂は元から切るとわき芽が伸びて次の花が開花。定期的な追肥が必要です。

春色の鮮やかな黄色の花
クリサンセマム・ムルチコーレ

花色：✿　日照：☀
キク科　半耐寒性一年草　原産地：アルジェリア
草丈：20〜30cm　開花期：3〜5月

特徴：株は横に伸び、花茎が伸びてカップ状の黄色の花を咲かせます。耐寒性がないので春に植えつけ、戸外で育てます。
栽培：水はけのよい土で植え、日なたで育てます。水やりは鉢土が乾いたらたっぷりと。花がら摘みはこまめに。

シルバーリーフにやさしいピンクの花
クリサンセマム・マウイ
（ローダンセマム）

花色：✿○　日照：☀
キク科　耐寒性常緑宿根草　原産地：北アフリカ
草丈：10〜30cm　開花期：3〜6月

特徴：葉は羽状に切れ込み、すっくと花茎を伸ばして花をつけます。強健ですが、雨に弱いので移動可能な鉢植え向き。
栽培：日なたを好みますが、高温多湿に弱いので真夏は半日陰に。葉を刈り込んで風通しをよくします。

シックな色合いが和にも洋にも
ダイアンサス'テルスター'
(四季咲きナデシコ)

花色：🌸🌸🌸　日照：☀
ナデシコ科　半耐寒性常緑宿根草(一年草扱い)　原産地：地中海沿岸、中国　草丈：20～30cm　開花期：4～12月
特徴：セキチクとヒゲナデシコの交配品種群。花色の変化が多く、四季咲き性があり、次々に咲きます。強健です。
栽培：日当たりと風通しのよい場所を好みます。花後、草丈を1/3に切り戻すと、わき芽が伸びてまた花が咲きます。

小さな花をまき散らすように咲かせる
シュッコンネメシア

花色：🌸🌸🌸　日照：☀
ゴマノハグサ科　半耐寒性常緑宿根草　原産地：南アフリカ　草丈：15～30cm　開花期：3～7月、9～12月
特徴：花は小さいが花つきがよく、四季咲き性があります。雨に当たると花が傷むので鉢植えに向きます。
栽培：日当たりと風通しのよいところで育てます。花後、伸びた花房の元から切り、追肥すると次の花が咲きます。

つややかな葉に瑠璃色の花が印象的
ブルーデージー
(ルリヒナギク)

花色：🌸🌸　日照：☀
キク科　半耐寒性常緑宿根草　原産地：南アフリカ
草丈：20～40cm　開花期：3～6月、10～12月
特徴：緑葉と斑入り葉があり、こんもりと葉を茂らせ、花茎をすっと伸ばして花をつけます。四季咲き性があります。
栽培：春の花が終わったら、1/3ほど切り戻して風通しを確保します。耐寒温度は0～5℃、軒下などで越冬します。

キュートな花姿で次々に開花
デージー
(ヒナギク)

花色：🌸🌸🌸　日照：☀
キク科　耐寒性一年草　原産地：ヨーロッパ
草丈：10～20cm　開花期：3～5月
特徴：大輪から小輪まで、花の大きさや形はさまざま。成長しても草姿が乱れません。戸外の鉢植えや花壇に向きます。
栽培：日光不足では花が咲かないので日なたで育てます。水やりは鉢土が乾いたらたっぷりと。追肥も必要です。

Part 2 ひと鉢からはじめてみよう

はじめての草花図鑑

強い雨は花を落とすので注意を
ミムラス
（モンキーフラワー）

花色：🌸🌸🌸🌸　日照：☀◐
ゴマノハグサ科　半耐寒性一年草　原産地：北アメリカ
草丈：10〜30㎝　開花期：4〜6月

特徴：花径2〜3㎝、花色豊富で、花に斑点が入るものと単色があります。やや湿り気味の場所でよく育ちます。
栽培：春に苗を植えます。日なた〜半日陰で育て、乾燥に弱いので水やりに注意します。花後切り戻すと再開花します。

丸弁や星形の花が株を覆う
フロックス・ドラモンディ
（キキョウナデシコ）

花色：🌸🌸🌸🌸　日照：☀
ハナシノブ科　耐寒性一年草　原産地：北アメリカ
草丈：15〜30㎝　開花期：4〜7月

特徴：花径は2〜3㎝で花色豊富。秋まき一年草ですが、春まきすると6〜7月に開花。冷涼地なら長く咲き続けます。
栽培：強健。過湿も乾燥も嫌うので、鉢土が乾いたらすぐに水やりすることを心がけます。元肥のみで追肥は不要です。

淡い花色のやさしい雰囲気が魅力
ワスレナグサ
（フォゲッツミーノット）

花色：🌸🌸🌸　日照：☀◐
ムラサキ科　耐寒性一年草　原産地：ヨーロッパ
草丈：20〜30㎝　開花期：4〜6月

特徴：葉はへら形、茎が伸びて分枝し、先端に小さな花が次々に咲きます。温暖地では冬花壇にも向きます。
栽培：戸外の日当たりと風通しのよいところで育てます。高温多湿を嫌うので茂りすぎた葉は刈り込みます。

繊細な白い苞があふれるように咲く
ユーフォルビア'ダイヤモンドフロスト'

花色：🌸　日照：☀
トウダイグサ科　非耐寒性宿根草　原産地：メキシコ
草丈：30〜40㎝　開花期：4〜11月

特徴：冬咲きの'白雪姫'に似ていますが、花も葉も繊細。四季咲き性があり、春〜晩秋を戸外で咲き続けます。
栽培：日なたで育てます。開花中は定期的に追肥が必要。株が大きくなりすぎたら半分に刈り込むとまた開花します。

秋に球根を買ってきたら…
鉢に植えつけると春に咲いてくれます

お気に入りの鉢に球根を植えて、気長に、春がくるのを待ちましょう。緑色の芽を見つけたときの感動は格別。やがてきれいに花を咲かせてくれます。

用意するもの
ヒアシンス球根6個、8号（直径24cm）の素焼き鉢、市販の草花用培養土、鉢底石、鉢底ネット、緩効性化成肥料など

はじめての花づくりの常識
春植えや夏植えの球根もあるの？
カンナやダリア、アマリリスなどは春植え球根です。鉢植えならアマリリスがおすすめです。カンナは大きく育つので庭植え向きです。
夏植え球根のコルチカムやサフラン、ネリネなどは秋植え球根と同じように鉢植えで楽しめます。

3月に咲きそろったヒアシンス。開花中は室内で楽しむとよい。

秋植え球根の多くは、球根の中に成長のための養分と花芽をたくわえています。ですから、秋に球根を土に植えて水やりするだけで、春には花を咲かせることができます。さあ、育ててみましょう。きれいに咲かせるポイントは5つです（134ページ参照）。

①よい球根を選ぶ
悪い球根ではせっかく育てても花が咲かない場合もあります。球根は、表面に傷がなく、カビが生えていないもの、発根部分がきれいなもの、全体的にふっくらとして重い充実したものを選びます。

②植えつけ適期を守る
秋植え球根は9〜12月に出回りますが、よい球根を選んで早めに入手します。しかし、あまり早く植えつけると、地温が高すぎて、腐る恐れがあります。南関東以西の場合は10月中旬〜11月が適期。12月になっても大丈夫です。それまでは涼しい場所に保管します。

③植えつけ間隔と深さ
市販の草花用培養土（元肥入り）を使って鉢に植えつけます。

48

Part 2 ひと鉢からはじめてみよう

秋に球根を買ってきたら…

球根の植えつけプロセス

5 戸外の日当たりのよい場所で育て、冬の間も鉢土が乾いたらたっぷり水やりする。3月、芽が出たら緩効性化成肥料を追肥する。

3 培養土を球根の頭が隠れるまで入れる。ウォータースペース（鉢の上縁から2～3㎝下まで）を確保する。

1 鉢底ネットで鉢底穴をふさぎ、鉢底石を2～3㎝、緩効性化成肥料をひと握り加える。

4 ジョウロのハス口を上に向けてやわらかい水流にして、たっぷり水やりする。

2 鉢の上縁から10㎝下まで培養土を入れ、球根6個をバランスよく並べる。

> **はじめての花づくりの常識**
>
> **ユリも鉢植えで育てられる？**
>
> 普通の球根は、球根の下側だけに根（下根）が出ますが、ユリは球根の上側にも根（上根）が出ます。上根が伸びるスペースを確保するために、10号鉢程度の大きくて深さのある鉢を使って、鉢の高さの中央付近に、深く植えるとよく育ちます。

球根の大きさに合わせて鉢の大きさや球根の数を決めますが、密に植えた方が開花したときに見栄えがします。深さは根の生育スペースを確保するため、球根の頭が隠れる程度の浅植えにします。

なお、パンジーなどのポット苗と一緒に寄せ植えすると、冬の間も楽しめますし、鉢土の乾燥も防ぐことができます。

④戸外で寒さにあわせる

秋植え球根は夏の間休眠しています。秋に土に植えて水やりすると根を出しますが、本格的に目を覚ますためには凍らない程度の寒さに一定期間あわせることが必要です。戸外の日当たりのよい場所で育てましょう。

寒くてかわいそうと暖かい室内で育てると、休眠から覚めず、きれいに花が咲きません。2月中旬まで戸外で育てて十分な寒さにあわせ、それから暖かい室内に入れると、戸外で育てるより早く咲いてくれます。

⑤冬も水やりする

秋植え球根の多くは、冬の間は地上部に芽を出しません。でも、土の中の根は生育をはじめています。ですから、冬の間も水やりが必要です。土が乾燥しすぎると、球根の中の花芽が傷み、春になっても花が咲きません。芽が出てきたら緩効性化成肥料を少量追肥するときれいな花が咲いてくれます。

49

はじめての球根図鑑

秋になったら、鉢や花壇に球根を植えましょう。咲いたときの見栄えを大事にするなら密植気味に植えます。翌年も咲かせたいなら間隔を十分にあけて、球根が太る場所を確保して植えます。春にきれいな花を咲かせるためには、戸外で育てて冬の寒さにあわせること。冬も水やりすることがポイントです。なお、鉢に植えっぱなしにできるものには 🅿 を記載しました。

カラフルな花色で春風に揺れる 🅿
アネモネ
（ボタンイチゲ）

花色：✿✿✿✿　日照：☀
キンポウゲ科　耐寒性球根　原産地：地中海沿岸
草丈：20～40cm　開花期：3～5月

特徴：アネモネは「風」の意。風通しのよい場所でよく育ちます。花径5～8cm、一重と八重咲きがあります。
栽培：5号鉢に3球が目安。11月、球根は平らなほうを上にして球根1個分の覆土を。花後、葉が枯れたら鉢ごと乾燥。

愛らしいベル形の花を吊り下げる 🅿
シラー・カンパヌラータ
（ツリガネズイセン）

花色：✿✿✿　日照：☀◐
ヒアシンス科(ユリ科)　耐寒性球根　原産地：イベリア半島　草丈：20～60cm　開花期：4～5月

特徴：ヨーロッパでは野原や森に春を告げる花。青花がとくに強健で、庭植えすると、数年で大株に育ちます。
栽培：5号鉢に5球が目安。球根の上部が隠れる程度に植え、戸外で育てます。花後、葉が枯れたら水やりをやめます。

春一番に芽を出し花を咲かせる
クロッカス

花色：✿✿✿　日照：☀
アヤメ科　耐寒性球根　原産地：地中海沿岸
草丈：5～15cm　開花期：2～4月

特徴：早咲きは早春から咲きだし、花後に葉が伸びます。庭植えは日当たりのよい場所に植えると年々ふえます。
栽培：鉢植えは5号鉢に10球が目安。10～11月に植えつけ、戸外で。花後、葉が黄変したら掘り上げます。

Part 2 ひと鉢からはじめてみよう

はじめての球根図鑑

北国では雪どけとともに咲く白花
スノードロップ
（ガランサス）

花色：❀✿　日照：☀
ヒガンバナ科　耐寒性球根　原産地：ヨーロッパ
草丈：10〜20㎝　開花期：2〜3月

特徴：うつむき加減の白い花が早春に開花。庭植えでは西日を避けた木陰に植えると毎年花が咲きます。
栽培：4号鉢に5球が目安。10〜11月に植えつけ、戸外で。花後、乾燥を嫌うので葉が枯れても水やりします。

小さな小さな青色の球根の花
シラー・シベリカ

花色：❀✿　日照：☀◐
ヒアシンス科（ユリ科）　耐寒性球根　原産地：ロシア
草丈：5〜10㎝　開花期：3〜4月

特徴：青色の星形の花を下向きにひっそりと咲かせます。西日を避けた木陰など、庭植えにも向きます。
栽培：4号鉢に3〜5球が目安。球根の上部が隠れる程度に植え、戸外で。花後、葉が枯れたら鉢のまま乾燥させます。

誰からも愛される春に欠かせない花
チューリップ

花色：❀❀❀❀✿❀　日照：☀◐
ユリ科　耐寒性球根　原産地：中央アジア〜地中海沿岸
草丈：10〜60㎝　開花期：3〜4月

特徴：花色も花形も多彩。開花は2週間ほどですが、早咲きと遅咲きがあり、組み合わせると1ヵ月ほど花を楽しめます。
栽培：10〜11月、鉢植えは球根の上部が隠れる程度に浅く植え、戸外で。花後、球根は育たないので使い捨てとします。

すらっとした球根性のアイリス
ダッチアイリス

花色：❀❀✿　日照：☀
アヤメ科　耐寒性球根　原産地：イベリア半島
草丈：50〜70㎝　開花期：4〜5月

特徴：オランダで品種改良されたアイリス。丈夫で育てやすく、鉢植えにも庭植えにも向きます。切り花にもなります。
栽培：5号鉢に3球が目安。10〜11月、球根の上部が隠れる程度に植え、戸外で育てます。冬は水を切らさないこと。

甘い香りで春を告げる花
ヒアシンス

花色：🌸🌸🌸🌸🌸　日照：☀

ヒアシンス科(ユリ科)　耐寒性球根　原産地：地中海沿岸　草丈：10～15cm　開花期：3～4月

特徴：6弁花を花穂いっぱいに咲かせ、芳香を放ちます。強健で、花壇や鉢植えのほか、水栽培もできます。

栽培：鉢植えは球根の上部が隠れる程度に植え、戸外で育てます。花後、花茎を残して花がらを摘み、追肥します。

星形の花を株いっぱいに咲かせる
ハナニラ
（イフェイオン）

花色：🌸🌸　日照：☀◐

ネギ科(ユリ科)　耐寒性球根　原産地：南アメリカ　草丈：10～20cm　開花期：3～4月

特徴：葉を刻むとニラの香りが。花は青色の濃淡と白。植えっぱなしでよく、年々ふえるので庭植えにも向きます。

栽培：鉢植えは何球かまとめて植えます。ビオラなどの間にもよいでしょう。花後、葉が枯れたら鉢のまま乾燥させます。

地ぎわに花が咲き驚かされる
ミニアイリス
（イリス・レティキュラータ）

花色：🌸🌸　日照：☀

アヤメ科　耐寒性球根　原産地：西アジア　草丈：10～15cm　開花期：3月

特徴：花径5～10cm、突然地ぎわに花が咲いて花後に葉が伸びます。庭植えは水はけと日当たりのよいところに。

栽培：5号鉢に5球が目安。10月、球根が隠れる程度に覆土します。花後、葉が枯れても乾燥気味の水やりを続けます。

芳香のある花が魅力
フリージア
（アサギズイセン）

花色：🌸🌸🌸🌸🌸　日照：☀

アヤメ科　半耐寒性球根　原産地：南アフリカ　草丈：30～40cm　開花期：3～4月

特徴：花径3～4cm、花茎の先端に5～10輪の花を咲かせ、芳香をふりまきます。一重と八重咲きがあります。

栽培：4号鉢に3球が目安。寒さに弱いので南関東以西では鉢植えにして軒下などで越冬。寒冷地は室内に入れます。

Part 2 ひと鉢からはじめてみよう

はじめての球根図鑑

花弁が幾重にも重なった大輪の花
ラナンキュラス
（ハナキンポウゲ）

花色：🌸🌸🌸🌸🌼　日照：☀
キンポウゲ科　半耐寒性球根　原産地：ヨーロッパ
草丈：20〜50cm　開花期：4〜5月

特徴：ボリュームのある花を鉢植えや花壇で楽しみます。存在感があるので寄せ植えの主役にも向きます。
栽培：5号鉢に3球が目安。11月、球根はとがっている方を下にして2〜3cmの覆土を。霜や寒風を避けて育てます。

小さな花は群植するとみごと
ムスカリ
（グレープヒアシンス）

花色：🌸🌼　日照：☀◐
ヒアシンス科（ユリ科）　耐寒性球根　原産地：地中海沿岸　草丈：15〜25cm　開花期：3〜4月

特徴：ブドウの房に似た花穂をつけます。強健で、植えたまま毎年開花。ビオラなどの花苗の間に植えても似合います。
栽培：11月、鉢植えは球根の上部が隠れる程度に植えます。花後、葉が黄変したら水やりをやめ、軒下などに移動を。

ユリ（アジアティック系）'コネチカットキング'

夏を告げる大輪の花
ユリ

花色：🌸🌸🌸🌸🌼　日照：☀（アジアティック系）◐（オリエンタル系）　ユリ科　耐寒性球根　原産地：アジア
草丈：60〜150cm　開花期：6〜7月

特徴：オリエンタル系は大輪で芳香があり、半日陰を好みます。アジアティック系はカラフルで日なたを好みます。
栽培：10号鉢に3球が目安。10〜11月、深い鉢の中ほどに植え、球根の上根を育てます。冬も水やりが必要。

ユリ（オリエンタル系）'アカプルコ'

鉢花を育てたら…

宿根草や花木は翌年も楽しめます

置き場所、水やり、花がら摘み、追肥などの心配りに応えて長く咲いてくれた花たち。宿根草や花木は大事に育てれば翌年も咲いてくれます。

熱帯・亜熱帯原産の鉢花の冬越し

春～秋は戸外で育て、晩秋に室内へ移動。日当たりのよい窓辺で育てると開花を続けるものもある。窓ぎわは夜になると冷え込むので部屋の中央に移すとよい。

暑さを嫌う鉢花の夏越し

梅雨時は軒下など、雨の当たらない場所で管理する。鉢は台の上に置いて風通しをよくする。

日なたを好むものも夏は風通しのよい木陰でできるだけ涼しく過ごさせる。

一年草と宿根草・花木

植物は開花期間の長いものと短いものがありますが、いずれもいつか咲き終わります。ポット苗で出回る多くの花苗は一年草です。春～夏に植えたものは冬がくる前に枯れます。秋～春に植えたものは夏がくる前に枯れます。咲き終わった株を抜いて処分し、新しいポット苗などを植えつけます。

宿根草や花木（樹木）の鉢花は、置き場所に気をつけて水やりや追肥などを続けると、翌年もまた同じ時期に花が咲いてくれます。

一年草や宿根草などの区別は、図鑑の園芸的分類などを確かめます。

咲き終わった鉢花の管理方法

冬に入手した鉢花 温帯原産の宿根草や花木が多いようです。春になって、霜の心配がなくなったら戸外の日当たりのよいところに移動します。高温多湿が苦手なものは、6月ごろから風通しのよい木陰に移します。梅雨の長雨には当てないこと。軒下などに移し、鉢は台の上などに置いて風通しをよくします。

Part 2 ひと鉢からはじめてみよう　鉢花を育てたら…

株分け・植え替えプロセス

4 鉢の大きさに合わせて分けた株を同様に植える。最後に水やりをする。

3 鉢底ネット、鉢底石、培養土を順に入れ、根を広げながら培養土を詰める。

2 鉢から出して根をほぐしながら土を落とし、ハサミで株を分ける。

1 大株のアガパンサス、鉢、培養土、鉢底石、土入れ、ハサミなど。

はじめての花づくりの常識

水やりの失敗　傾向と対策

鉢植えの花を枯らす原因のトップは、水やりの失敗です。小さな鉢に入れられ、雨の降らない室内やベランダに置いてあるのですから、人が責任をもって水やりしないと枯れてしまいます。

①「ゴメン、忙しくてついつい忘れちゃうの」という方は、存在感のある鉢に植え替え、目につく場所に置くことを提案します。室内の場合はリビングの窓辺などに、そばに水差しを置いておきます。そして1日1分でいいですから、花を愛でる習慣をつけましょう。元気が出ます。ついでにちょこっと鉢土に触れ、乾いていたら水やりをします。

②「ベランダって毎日出ないから、忘れちゃうの」という方は、ベランダに出る用事をつくりましょう。野菜やハーブを一緒に育てます。自分で育てた野菜の味は格別ですし、ハーブ類も重宝します。毎朝5分早起きして、ベランダへ出る習慣をつくります。ちょこっと水やりができるように、水を入れた大きめのジョウロを置いておきましょう。

③「毎日やっているのに枯れちゃった」という方は、水のやりすぎで、根腐れを起こして枯れたのでしょう。あるいは毎日やっていても1回の量が少なすぎては、水不足で枯れてしまいます。タイミングと水量が大切。「鉢土の表面が乾いたら鉢底穴から水が流れ出るまでたっぷり与える」という水やりの基本を守りましょう。

置き場所と水やりさえ注意すれば、植物はがんばってきれいな花を咲かせ、楽しませてくれます。

夏に入手した鉢花

夏に入手した鉢花は熱帯・亜熱帯原産の宿根草や花木が多いようです。晩秋まで戸外の日当たりのよい場所で花を楽しみます。寒さや霜に弱いので、室内や霜の当たらない軒下などで冬越しさせます。

鉢植えの球根

スイセンやムスカリなど、鉢植えで翌年も花を楽しみたい場合は、植えつけ間隔を広めにとり、花が咲き終わったら追肥をして、球根を育てます。地上部が枯れたら水やりを止め、雨の当たらない軒下などに置き、秋に新たな培養土で植えつけます。冬の間、追肥は不要です。

定期的に植え替えと株分けを

植物が大きくなると根もその分伸びて、鉢の中は根がいっぱい。そのまま放置すると、根は伸びる余地がなくなって生育が悪くなり（根詰まりという）、新鮮な空気が補給できずに根腐れをおこして枯れてしまいます。

また、追肥で肥料のバランスがくずれたり、毎日の水やりで土の状態が悪くなったりするので、新しい土に替えてやることが必要です。2年に1回は植え替え、大株になったものは株分けが必要です。

適期は春か秋。株分けしない場合は根鉢を1/3ほどくずし、伸びすぎた根は切り、ひと回り大きな鉢に新しい培養土で植えます。

Column
室内に向く ハイドロカルチャーの寄せ植え

水やりは水位計を確かめながら。赤いフロートが［opt］の目盛りに達するまで静かに注ぐ。

ドラセナとヒポエステスの寄せ植えに、ペペロミア、オスモキシロンのミニ観葉を並べて。

フィカス・プミラ、シンゴニウムをワイヤースタンドの花器に植えて。

ハイドロカルチャーで観葉植物の寄せ植えを楽しみませんか。ハイドロカルチャー用の観葉植物の苗や発泡煉石、水の汚れを防止する珪酸塩白土などは、ガーデンセンターやホームセンター、雑貨店などで入手できます。容器は身近にある食器など。不透明な陶器の場合は水位計も用意します。

土植えの観葉植物も、5～9月の生育期なら、土をきれいに洗い流して、発泡煉石で植え替えることができます。

どちらもミニサイズで、葉色や草姿、草丈の異なるものを2～3種、バランスよく組み合わせます。

植えつけるポイントは、容器の底に珪酸塩白土を薄く敷くこと。水位計は下端が容器の底につくようにセットすること。発泡煉石はざるなどに入れてよく洗ってから使います。根と根の間に発泡煉石がしっかり詰まるように、箸でつついて導き入れます。

水やりは水位計の赤いフロートが［opt］の目盛りに達するまで、静かに注ぎます。次の水やりは［min］以下になったときです。明るい室内で育てましょう。

56

Part 3
さらに草花を咲かせて楽しむ

大きめの鉢に、ハンギングバスケットに、
寄せ植えをして楽しみましょう。
何種類かの花を組み合わせると、
花たちはまた違った輝きを見せてくれます。

ナスタチウムとインパチェンス、カロライナジャスミンのハンギングバスケット

寄せ植えをつくる

大きめの鉢に寄せ植えをつくります

好きな花を組み合わせて、バランスよく植えつければ寄せ植えのできあがり。でも上手につくるには、ちょっとした気配りが必要です。

テーマは「春を待ちわびる」
- 主役はプリムラ・ポリアンサ。こんもりとした草姿で、春色のやさしいピンクの大輪の花がよく目立つ。
- わき役はマーガレット。草丈があり上に伸びるタイプなので主役の後ろに植える。
- 動きを出す花はスイートアリッサム。茎を這うように伸ばし、小花で濃いピンクの花色がアクセントとなる。

花色はピンク系でコーディネート。マーガレットとスイートアリッサムの甘い香りも楽しい。暖房のききすぎていない部屋の日当たりのよい窓辺などで12～3月を咲きとおす。

わき役（マーガレット）
主役（プリムラ・ポリアンサ）
動きを出す（スイートアリッサム）

日当りのよい窓辺に置き、水やり、花がら摘み、追肥に気を配ると長く楽しめる。

用意するもの
ポット苗3個（プリムラ・ポリアンサ、マーガレット、スイートアリッサム）、8号鉢、鉢底ネット、鉢底石、培養土（元肥入り）、園芸用ハサミ、箸、土入れ

主役、わき役、動きを出す花

どんな植物を組み合わせるか、悩ましいところです。そんなときは、テーマを決め、鉢を舞台に、植物に「役」を振りあてます。

まずお気に入りの花を「主役」に抜擢します。寄せ植えの中心になる花です。一般的に花が大きい、花色が目立つ、株全体のボリュームがある花などです。

次は主役を引き立てる「わき役」の花を選びましょう。花色は主役ほど目立たず、花も小さめのもの。草丈のあるものは主役の後方に植えると引き立て役になってくれます。

さらに、「動きを出す花」を加えると、寄せ植えにアクセントを添えてくれます。草丈が低く茎が横や下に伸びるもの、色のアクセントにもなるカラーリーフもおすすめです。

花色をコーディネート

たくさんの花色を使うより1～2色で、同系色の花、同じ色を含む花などを選ぶとすっきりまとまります。また、鉢の色や寄せ植えを置く場所とのコーディネートも大切です。

Part 3 さらに草花を咲かせて楽しむ

寄せ植えプロセス

7 箸を使って根鉢と根鉢の間、鉢と根鉢の間に土をしっかり入れる。

5 マーガレット、スイートアリッサムは根鉢をくずさず、仮置きした位置に苗を並べる。

3 ポットのまま仮置きして、全体のバランスと2の培養土の量を確認する。

1 鉢に鉢底ネットを敷き、鉢底石を2〜3cm入れる。

8 土をなじませ、表面を平らにしたら、たっぷりと水やりをする。

6 根鉢の高さをそろえ、培養土を土入れで詰めていく。

4 ポットを外す。プリムラの、伸びすぎている根は切る。傷んだ葉も整理する。

2 培養土を鉢の上縁から約10cm下まで入れる。

寄せ植えをつくる

寄せ植えをつくろう

置き場所に合わせて、日照や水やりなど、同じ環境を好む花を組み合わせます。

季節のポット苗で、3ヵ月は楽しめる寄せ植えをつくりましょう。8号鉢（直径24cm）で、3〜3.5号ポット苗3〜4株が目安で、株間をゆったりめにとると大きく育ちます。市販の草花用培養土（元肥入り）、鉢底石、鉢底ネット、土入れなどを用意します。鉢底穴を鉢底ネットでふさぎ、水はけをよくするために鉢底石を2〜3cm入れます。培養土を鉢の上縁から10cm程度下まで入れます。ポットのまま仮置きして配置や花の向きなどのバランスを確かめます。

植えつけのコツは、根鉢の上面をそろえること、ウォータースペースを確保すること。根鉢の高さが違う場合は、下に入れる培養土で調節します。根鉢は基本的にはくずしませんが、状態によって、根がびっしりと張ったものは根をほぐして切ってから植えると新しい根が伸びやすくなります。

根鉢と根鉢の間や根鉢と鉢の間にしっかり土を詰めることも大切です。箸を土に挿して前後にゆすって土を送り込みます。最後に手のひらで表面を平らに整え、鉢底穴から水が流れ出るまで、たっぷり水やりします。

寄せ植えをつくる

寄せ植えの
バリエーションを楽しみます

もっと大きな鉢で寄せ植えをつくりたい、ワイヤーバスケットも使いたい、野菜やハーブの寄せ植えも。さあ、夢を広げましょう。

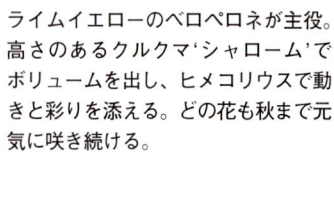

ライムイエローのベロペロネが主役。高さのあるクルクマ'シャローム'でボリュームを出し、ヒメコリウスで動きと彩りを添える。どの花も秋まで元気に咲き続ける。

放射状に広がるドラセナ・オーストラリスを中心に、ヘデラを四方に下垂させる。グリーンは植えたままでムスカリ、スイートアリッサム、パンジーなどを季節ごとに植え替える。

大きな鉢の寄せ植え

大きな鉢では、植えつける株数が多くなります。でも基本的には同じ、主役の花、わき役の花、動きを出す花、それぞれの株数をふやして、バランスよく配植します。

主役を引き立てるわき役に高さを出すものを加えると、ボリュームを出すことができます。壁ぎわに置いて一方方向から観賞する場合は、高さを出すものは鉢の後方に配置します。四方から観賞する場所に置く場合は、中心に高さを出す花を配置して、三角錐を形づくるつもりで、それぞれの面に主役の花、わき役の花、動きを出す花を配植します。

ポットのまま仮置きして花の向きや色のバランスなどをシミュレーションして、できあがりの感じをつかんでから植えつけをはじめると、苗を傷めません。

ワイヤーバスケットの寄せ植え

ヤシの繊維のマットつきのワイヤーバスケットに、季節の花を寄せ植えしましょう。ただし、そのまま植えると、鉢土が乾燥しすぎ

60

Part 3 さらに草花を咲かせて楽しむ

寄せ植えをつくる

スペアミント、アップルミント、キャンディミント、パイナップルミントなどハーブティー用のミントを集めた寄せ植え。摘みたてをティーにすれば、いちだんとさわやかに香る。

ヤシの繊維のマットでは土が乾燥しすぎて水やりが大変。ビニール袋を内側に敷き込んで、乾燥を防止する。オステオスペルマムが主役。わき役のルピナスで高さを出し、スイートアリッサムで動きを出した春の寄せ植え。

野菜やハーブの寄せ植え

野菜やハーブも鉢で育てましょう。葉色や草姿がおもしろいもの、花が咲くものもありますから、寄せ植えに加えるとそれだけで存在感を発揮してくれます。

キッチンで重宝する香辛料のハーブ、サラダ用の野菜やハーブティーにするハーブをそれぞれ鉢に寄せ植えしておきます。香辛料にするハーブは一度に使う量はわずか。いざというときにすぐに使えるように、まとめて植えておくと重宝します。

さらに、収穫を目的に野菜を鉢で育てましょう。夏の果菜類はゴールデンウイークのころが苗の植えつけ適期。大きめの鉢に植えると簡単に育つものです。葉物野菜はタネをまいて、大きくなったら収穫が確実です。いろいろ試してみましょう。**実益**があると、楽しさは倍増。ガーデニングの腕もアップすること**と請け合い**です。

て、水やりが大変です。厚手のビニール袋を内側に敷いて、乾燥を防止します。底になる部分に水抜き用の大きめの穴をいくつかあけ、鉢底石を敷いてから培養土を入れます。上縁からはみでたビニールは目立たないように切っておきます。木の樽も同じように乾燥防止するとよく育ちます。

61

寄せ植えに向く草花図鑑

ポット苗や鉢花を使って寄せ植えをつくります。主役となる花、わき役となる花（高さを出す花）、動きを出す花と分類してみました。もちろん、組み合わせによってはわき役に入れてある花が主役になる場合もあります。さらに、野菜やハーブも仲間入り。食べられるものを育てる楽しみはまた格別です。

主役となる花

端正な草姿に凛とした花が印象的
ガーデンシクラメン
（カガリビバナ）

花色：✿✿✿✿　日照：☀
サクラソウ科　半耐寒性球根（一年草扱い）　原産地：地中海沿岸　草丈：15〜20cm　開花期：10〜4月

特徴：原種に近く、花は小型。早咲きのシクラメンで強健、南関東以西の地域なら冬の庭の寄せ植えに使えます。
栽培：本格的な寒さがくる前に植えつけると耐寒性が強くなります。花がら摘みと定期的な追肥が必要です。

キャンドルのような花穂が魅力
クリムソンクローバー
（ストロベリーキャンドル）

花色：✿✿　日照：☀
マメ科　耐寒性一年草　原産地：ヨーロッパ
草丈：30〜60cm　開花期：4〜6月

特徴：大型の春の寄せ植え向き。真っ赤な花穂が印象的で、1株から何本も花茎が立ち、次々に花が咲きます。
栽培：日当りと風通しのよいところで育てます。咲き終わった花茎はこまめに切ると長く咲き続けます。

日本の秋を象徴する人気の花
キク
（ポットマム）

花色：✿✿✿✿✿✿　日照：☀
キク科　耐寒性落葉宿根草　原産地：中国、日本
草丈：20〜60cm　開花期：9〜11月

特徴：花色や花形、花の大きさは豊富。ポット苗や鉢花で秋の寄せ植えをつくります。庭に秋を演出してくれます。
栽培：戸外の日当たりと風通しのよいところで育てます。花がら摘みをこまめにすると最後の蕾まで咲きます。

Part 3 さらに草花を咲かせて楽しむ

寄せ植えに向く草花図鑑

長い筒状の花は星形に開く
ニコチアナ
（ハナタバコ）

花色：🌸🌸🌼　日照：☀
ナス科　非耐寒性一年草　原産地：南アメリカ
草丈：30〜60cm　開花期：5〜10月

特徴： 炎天下でも育つので夏の寄せ植え向き。パステル調の花色がさわやかで、初夏〜秋を咲きとおします。
栽培： 日なたを好み、長雨は苦手。咲き終わった花穂は切り取ります。乾燥しすぎると株が弱るので水やりに注意します。

夏秋を咲きとおす元気な花
ジニア'プロフュージョン'

花色：🌸🌸🌸🌼○　日照：☀
キク科　非耐寒性一年草　原産地：メキシコ
草丈：20〜30cm　開花期：6〜10月

特徴： 夏秋の寄せ植え向き。ヒャクニチソウとジニア・リネアリスの交雑種。花は一重と半八重があり、次々に開花。
栽培： 日なたを好みます。花後、花首のすぐ下で切るとわき芽が伸びて次の花が咲きます。定期的な追肥が必要です。

小さな花が固まって咲く
バーベナ
（ビジョザクラ）

花色：🌸🌸🌸🌸○　日照：☀
クマツヅラ科　半耐寒性一年草　原産地：南アメリカ
草丈：15〜40cm　開花期：3〜6月

特徴： 一年草タイプのバーベナで、春にポット苗が出回ります。花色が豊富で小さな花をたくさん咲かせます。
栽培： 日なたと乾燥気味の土を好みます。花がら摘みをこまめに、タネをつけないようにすると長く咲きます。

真夏の太陽で元気に咲く花
ニチニチソウ
（ビンカ）

花色：🌸🌸🌸○　日照：☀
キョウチクトウ科　非耐寒性一年草　原産地：マダガスカル　草丈：25〜35cm　開花期：6〜10月

特徴： 新しい花が次々に咲き、1つの花は数日もちます。花径3〜5cm、花の中心に別の色が入るものもあります。
栽培： 日なたで育てます。高温乾燥には強いのですが、梅雨どきの低温多湿が苦手。置き場所と水やりに注意します。

わき役となる花・高さを出す花

楚々とした雰囲気はわき役に向く
ギンバイカ
（マートル）

花色：✿　日照：☀
フトモモ科　耐寒性常緑低木　原産地：地中海沿岸
樹高：50〜200㎝　開花期：6月

特徴：ヨーロッパでは愛の女神に捧げる花として、結婚式に使われます。花と葉に芳香があり、斑入り葉もあります。
栽培：冬の寒風を避け、日なたで育てます。剪定は花後、古い枝を切り、新しい枝を伸ばします。強健です。

秋色の金平糖のような花が魅力
アルテルナンテラ'千日小坊'
（センニチコボウ）

花色：✿　日照：☀
ヒユ科　半耐寒性常緑宿根草　原産地：コロンビア〜チリ　草丈：25〜60㎝　開花期：10〜12月

特徴：日が短くなると花が咲く短日植物。花径は1㎝程度、花つきがよく、晩秋から初冬のコンテナを彩ります。
栽培：日当たりを好みます。南関東以西の温暖地では戸外で越冬して大きくなるので、花後に切り戻します。

放射状に広がるユニークな葉姿
コルジリネ・オーストラリス

葉色：🍃　日照：☀
リュウケツジュ科　半耐寒性常緑高木　原産地：ニュージーランド　樹高：30〜500㎝　観賞期：1〜12月

特徴：幼木は寄せ植えに高さと動きを演出。庭のアクセントにも向きます。大きくなると6月に白花が咲きます。
栽培：夏の西日を避けた日なたで育てます。葉に散水してハダニの発生を防ぎます。南関東以西では戸外で越冬します。

葉色と樹形が美しいコニファー
ゴールドクレスト
（モントレーイトスギ）

葉色：🍃　日照：☀◐
ヒノキ科　耐寒性常緑中高木　原産地：北アメリカ
樹高：30〜100㎝　観賞期：1〜12月

特徴：コニファーの代表種で大小のポット苗が大量に流通。寄せ植えに高さを出し、主役の花を引き立てます。
栽培：日当たりを好みます。植えつけ時に根鉢はくずさないこと。土の乾燥に弱いので水やりに注意します。

Part 3 さらに草花を咲かせて楽しむ

寄せ植えに向く草花図鑑

細い茎に小さな花が長く咲く
ブラキカム
（ヒメコスモス）

花色：✿✿✿　日照：☀

キク科　半耐寒性常緑宿根草、一年草　原産地：オーストラリア　草丈：20〜30cm　開花期：3〜11月

特徴：数種が出回りますが、どれも花は可憐。宿根草タイプは南関東以西の温暖地なら冬越しします。

栽培：強健。日なたを好みますが、乾燥と暑さに弱いので夏は西日を避けます。定期的な追肥が必要です。

小輪多花性で長く咲く
ジニア・リネアリス

花色：✿✿✿　日照：☀

キク科　非耐寒性一年草　原産地：メキシコ　草丈：20〜30cm　開花期：6〜10月

特徴：葉は細く、花は一重でナチュラルな雰囲気。茎がやや横に伸びるので、わき役にも動きを出す花にもなります。

栽培：日なたを好みます。花がら摘みと定期的な追肥が必要です。草姿が乱れたら切り戻しをすると再開花します。

夏空に青色の花が涼しげ
ルリマツリ
（プルンバゴ）

花色：✿✿　日照：☀

イソマツ科　半耐寒性常緑つる性植物　原産地：南アフリカ　つるの長さ：2〜3m　開花期：5〜9月

特徴：つる性なので鉢にトレリスを設置して枝を誘引します。真夏の太陽の下で、青色の花を次々と咲かせます。

栽培：極端な乾燥は嫌うので、鉢土の表面が乾いたらたっぷり水やりします。花がら摘みは早めに。追肥も必要です。

清楚な雰囲気が誰からも愛される
マーガレット
（モクシュンギク）

花色：✿✿✿✿　日照：☀

キク科　半耐寒性常緑宿根草　原産地：カナリア諸島　草丈：30〜100cm　開花期：3〜6月

特徴：品種が多く、冬から初夏にポット苗や鉢花が流通。草丈があるのでわき役に、ときには主役にもなります。

栽培：日なたを好みますが、夏は半日陰に。花後、草丈を半分に切り戻して新芽を育てると翌年も開花します。

動きを出す花

曲線を描く細い葉が魅力
カレックス'エバーゴールド'
（ベアグラス）

葉色：🌱　日照：☀ ◐ ●
カヤツリグサ科　耐寒性常緑宿根草　原産地：日本
草丈：10〜30cm　観賞期：1〜12月

特徴：黄白色の縞模様が寄せ植えに彩りを添え、曲線を描く細い葉が動きを出します。常緑で周年利用できます。
栽培：強健で、日なたでも日陰でも育ちます。冬の寒風で葉先が傷みやすいので、傷んだ部分や古葉を切ります。

真冬の淡いブルーの小さな花
イオノプシジウム
（バイオレットクレス）

花色：✿　日照：☀
アブラナ科　耐寒性一年草　原産地：ポルトガル
草丈：10〜15cm　開花期：11〜4月

特徴：ふんわりと葉を茂らせ、小さな4弁の花を次々に咲かせます。強健で、翌年はこぼれダネで育ちます。
栽培：耐寒性はありますが、寒風の当たらない陽だまりで育てます。多湿を嫌うので水やりに注意します。

マット状の草姿と穂状の小花
ディアスシア

花色：✿✿　日照：☀
ゴマノハグサ科　半耐寒性常緑宿根草　原産地：南アフリカ　草丈：10〜20cm　開花期：4〜10月

特徴：茎をほふくさせるので寄せ植えに動きを演出します。四季咲き性があり、冬もまばらに花をつけます。
栽培：日なたを好みますが、夏は半日陰の涼しい場所に。花数が減少したら切り戻して追肥するとまた開花します。

甘い香りの小花を株いっぱいに
スイートアリッサム
（ニワナズナ）

花色：✿✿✿　日照：☀
アブラナ科　耐寒性常緑宿根草（一年草扱い）　原産地：ヨーロッパ南部　草丈：10〜15cm　開花期：10〜5月

特徴：茎が這うように広がり、小さな花を咲かせます。南関東以西では晩秋〜冬〜春にポット苗が流通します。
栽培：根鉢はくずさず植え、日なたで育てます。水切れすると株が弱るので注意。咲き終わった花茎は切り、追肥します。

Part 3 さらに草花を咲かせて楽しむ

寄せ植えに向く草花図鑑

どんな花とも相性がよい万能選手
バコパ
（ステラ）

花色：✽✽✿　日照：☀

ゴマノハグサ科　半耐寒性常緑宿根草　原産地：南アフリカ、カナリア諸島　草丈：10〜15㎝　開花期：3〜11月

特徴：茎は這うように広がり寄せ植えに動きを演出。四季咲き性があり、強い霜に当たらなければ冬も開花。

栽培：日なたを好みます。梅雨明け前に株全体を半分に切り戻して、夏は開花を休ませると、秋以降元気に咲きます。

空色や黒色の花が魅力
ネモフィラ
（ルリカラクサ）

花色：✽✽　日照：☀

ハゼリソウ科　耐寒性一年草　原産地：北アメリカ　草丈：15〜20㎝　開花期：4〜5月

特徴：よく分枝し、茎が這うように伸びて寄せ植えに動きを演出。珍しい黒花を使うと個性的な仕上がりになります。

栽培：根鉢をくずさず植え、日なたで育てます。雨に当たると花びらが傷むので軒下などに移動します。

香りのある枝葉が動きを演出
ローズマリー
（マンネンロウ） f

花色：✽✽✿　日照：☀

シソ科　耐寒性常緑低木　原産地：地中海沿岸　樹高：30〜150㎝　開花期：7〜5月

特徴：直立タイプもありますが、這い性タイプを使って寄せ植えに動きを演出。枝葉はハーブとしても利用できます。

栽培：日なたと乾燥気味の土を好みます。込み合ってくると株の中が蒸れるので収穫を兼ねて枝を切ります。

暑さに負けずににぎやかに咲く
ポーチュラカ
（ハナスベリヒユ）

花色：✽✽✽✽✿　日照：☀

スベリヒユ科　非耐寒性宿根草（一年草扱い）　原産地：インド　草丈：10〜15㎝　開花期：6〜10月

特徴：茎は這うように伸び、先端に花をつけます。一日花で午後には花を閉じますが、毎日次々に咲きます。

栽培：花数が少なくなったら、切り戻して追肥すると2〜3週間で再開花。日照りが続いたら水やりします。

野菜とハーブ

リンゴの香りの花をティーで
カモミール
(カミツレ)

花色：❀　日照：☀
キク科　耐寒性一年草　原産地：ヨーロッパ〜西アジア
草丈：30〜60㎝　開花期：5〜6月　収穫期：5〜6月

特徴：花を収穫します。乾燥もできますが、生の花のティーは格別です。鎮痛、消化促進の効果があります。
栽培：日当たりのよいところで育てます。秋に苗を植えると、春に大株になってたくさんの花をつけます。

赤くなった実を順に収穫
イチゴ
(ストロベリー)

花色：❀　実色：●　日照：☀
バラ科　耐寒性常緑宿根草　原産地：南北アメリカ
草丈：20〜30㎝　開花期：3〜5月　収穫期：5〜6月

特徴：冬の低温短日で花芽ができ、春に開花結実します。2年目はランナーの先にできる子株を育てます。
栽培：10〜11月にプランターに3株を目安に植え、日なたで育てます。2月に追肥し、ビニールシートで鉢土を覆って成長を促進。

古くから使われている日本のハーブ
シソ

花色：❀　日照：☀◐
シソ科　非耐寒性一年草　原産地：中国
草丈：30〜100㎝　開花期：8月　収穫期：6〜10月

特徴：プランターに育てておくと重宝します。アオジソは葉や穂ジソを利用。アカジソは梅干しやジュースに。
栽培：タネまきや苗の植えつけは4〜6月。苗を植えれば半日陰でも育ちます。茎先5㎝ほどを切って収穫します。

タネまき30日後には収穫可能
コマツナ

花色：❀　日照：☀◐
アブラナ科　耐寒性一年草　原産地：地中海沿岸　草丈：20〜30㎝　開花期：3〜4月　タネまき：3〜10月　収穫期：5〜12月

特徴：葉物野菜の代表種。半月ごとにタネまきするといつでも収穫できます。タネまき後、寒冷紗で覆って害虫防除を。
栽培：10㎝間隔でまき溝をつくり1㎝間隔でタネまき。3㎝間隔で間引いて土寄せします。地ぎわで切って収穫します。

Part 3 さらに草花を咲かせて楽しむ　寄せ植えに向く草花図鑑

葉を摘んでトマトサラダに
バジル
（スイートバジル）

花色：🌸　日照：☀️　シソ科　非耐寒性一年草　原産地：熱帯アジア　草丈：50〜60㎝　タネまき：4〜6月　開花期：7〜8月　収穫期：6〜10月

特徴：スイートバジルが基本種。銅葉の'ダークオパール'や花が美しい'アフリカンブルー'も料理に使えます。

栽培：タネまきや苗の植えつけは4〜6月。茎先5㎝ほどを切って収穫するとわき芽が伸びてまた収穫できます。

収穫は年数回、4〜5年続く
ニラ

花色：🌸　日照：☀️　ネギ科（ユリ科）　耐寒性落葉宿根草　原産地：中国　草丈：20〜30㎝　開花期：7〜8月　収穫期：6〜11月

特徴：独特の香りと栄養豊富さが魅力。植えっぱなしでよいので、プランターの片隅に植えておくと重宝します。

栽培：苗の植えつけは春、定期的な追肥が必要。葉の部分を切ると、新しい葉が伸びます。開花すると葉がかたくなるので摘み取ります。

栽培簡単、収穫確実の夏野菜の代表種
ピーマン、シシトウ

花色：🌸　実色：🟢　日照：☀️　ナス科　非耐寒性一年草　原産地：熱帯アメリカ　草丈：40〜50㎝　開花期：6〜10月　収穫期：6〜10月

特徴：トウガラシの辛みのないのがピーマン、その小型がシシトウ。5月に苗を植え、開花15〜20日の未熟果を収穫。

栽培：大型プランターに2株が目安。支柱を立て、枝を誘引。込み合うわき芽は摘み取ります。水やり、追肥が必要です。

肉料理のつけあわせに重宝する
パセリ

花色：⭐　日照：☀️🌓　セリ科　耐寒性二年草　原産地：地中海沿岸　草丈：15〜30㎝　開花期：5〜6月　収穫期：1〜12月

特徴：一度に使う量はわずか、庭やベランダで収穫できると重宝します。縮み葉に平葉のイタリアンパセリもあります。

栽培：強健。苗の植えつけは真夏を除いていつでも、根鉢はくずしません。アゲハチョウの幼虫は捕殺します。

収穫は夏の朝の楽しみ
ブルーベリー

花色：✿　実色：●●　日照：☀
ツツジ科　耐寒性落葉低木　原産地：北アメリカ
樹高：100〜200cm　開花期：4〜5月　収穫期：6〜9月

特徴：壺形の花と紅葉も見どころ。自分の花粉では結実しないので、2品種2株を同じ鉢に植えて育てます。
栽培：強酸性の土を好むので、専用の培養土を使います。夏の乾燥を嫌うので水やりに注意。古枝は冬に切ります。

魚料理をおいしくするハーブ
フェンネル
（ウイキョウ）

花色：✿　日照：☀
セリ科　耐寒性常緑宿根草　原産地：地中海沿岸
草丈：100〜150cm　開花期：6〜7月　収穫期：1〜12月

特徴：スイートフェンネルが基本種。常緑なので収穫は随時、葉を摘み取って魚料理などに使います。
栽培：苗の植えつけは春か秋、根鉢をくずさず植えます。花後、花茎を株元で切ると、根元から新芽が出ます。

完熟させ、収穫後即食べたい
ミニトマト

花色：✿　実色：●●●　日照：☀
ナス科　半耐寒性一年草　原産地：ペルー
草丈：30〜100cm　開花期：6〜9月　収穫期：7〜9月

特徴：大玉よりミニトマトが栽培簡単、収穫確実。5月上旬、10号鉢に1株、バジルと寄せ植えして育てます。
栽培：2mの支柱を立て誘引。主枝と一番花のすぐ下のわき芽を伸ばし、ほかは摘み取ります。追肥は2週間ごとに。

サラダに重宝する葉物野菜
ミズナ
（キョウナ）

花色：✿　日照：☀　アブラナ科　耐寒性一年草
原産地：地中海沿岸　草丈：25〜40cm　開花期：4月
タネまき：3〜6月、9〜10月　収穫期：10〜1月、4〜6月

特徴：タネまきして葉が大きくなったら収穫できるので、栽培容易。プランターに10cm間隔でまき溝をつくり、タネまきします。
栽培：発芽後3cm間隔に間引いて育てます。外側の葉から収穫してベビーリーフで、小株で収穫してサラダにします。

さまざまな色や形の葉をサラダに
リーフレタス

葉色：🌱🌱　日照：☀　キク科　非耐寒性一年草　原産地：地中海沿岸　草丈：20〜30cm　タネまき：3〜4月、9〜10月　開花期：6〜7月　収穫期：4〜6月、10〜11月

特徴：ガーデンレタスミックスのタネをまくと葉色や葉形が多様で楽しめます。間引き菜はベビーリーフで利用。

栽培：鉢にタネをバラまきして、本葉2〜3枚で4〜5cm間隔に間引きます。大きくなったら外側の葉から収穫します。

ペパーミントのハーブティーが美味
ミント　*f*

花色：🌸　日照：☀◐　シソ科　耐寒性常緑宿根草　原産地：北半球の温帯　草丈：10〜100cm　開花期：6〜8月　収穫期：4〜11月

特徴：ペパーミントの葉を摘んでポットに入れ、熱湯を注いでティーに。スペアミントは料理の香りづけに使います。

栽培：苗の植えつけは春か秋。半日陰と保水性のある土でよく育ちます。収穫は適宜、茎を10〜20cm切ります。

ゴマの風味の若葉をサラダに
ロケット　*f*
（ルッコラ）

花色：🌸　日照：☀　アブラナ科　耐寒性一年草　原産地：地中海沿岸　草丈：50〜70cm　タネまき：3〜4月、9〜10月　開花期：3〜7月　収穫期：11〜6月

特徴：葉をサラダに。秋にタネまきすると冬の間も収穫でき、春に咲く花も収穫してサラダに入れて楽しみます。

栽培：春と秋に苗も出回ります。外側の葉から順に収穫すると中心の新芽が伸びます。花は花茎ごと収穫します。

ミントとレモンの香りをティーで
レモンバーム　*f*

花色：🌸　日照：☀◐　シソ科　耐寒性落葉宿根草　原産地：ヨーロッパ　草丈：30〜60cm　開花期：7〜8月　収穫期：5〜10月

特徴：茎先10cmを摘んでティーにすると、ストレス解消に効果的。冬は地上部が枯れますが、春に芽を出します。

栽培：春か秋に苗を植え、真夏の西日を避ける場所で育てます。強健ですが、梅雨どきの蒸れと夏の乾燥に注意。

Part 3　さらに草花を咲かせて楽しむ　寄せ植えに向く草花図鑑

ハンギングバスケットをつくります

バスケットに花を寄せ植えして、壁面やフェンスに掛けて飾ります。狭い庭や、マンションのベランダにも飾れる小さな空中花壇です。

ハンギングバスケットをつくる

ハンギングバスケットのプロセス

日当たりのよい場所の、トレリスなどに掛けて飾る。土が乾燥してきたらたっぷり水やりすること。咲き終わった花はこまめに摘み取るとよい。

用意するもの

壁掛けタイプのスリット式バスケット器材、鉢底石、培養土（元肥入り）、あらかじめ湿らせたミズゴケ、土入れ、器材を固定する台、ベゴニア・センパフローレンス8株、ヒメコリウス、プレクトランサスなど。カラーリーフプランツは多めに用意しておき、バランスを見て選ぶとよい。

ハンギングバスケットで花飾り

小さな庭やベランダなど、限られたスペースで花を飾るには、ハンギングバスケットがおすすめです。人の目線に近い高さに飾るハンギングバスケットは、地面に植えられた花と比べるとインパクトが強く、魅力的です。

壁掛けタイプのハンギングバスケットをつくりましょう。側面にスリットのあるプラスチック製の容器が市販されています。スリットに花の咲いている苗を通すだけで根を傷めずに植え込みできるので、簡単に植えつけでき、すぐに飾ることができます。

シンプルな寄せ植えから

幅30cmの容器で、3号ポット苗なら9～11株が目安です。

花選びのポイントは、丈夫で育てやすい花、開花期間の長い花です。お気に入りの花を1種類選んで、まずシンプルな寄せ植えをつくってみましょう。下垂する植物を加えると動きが出ます。同一の植物で2～3色の花色を組み合わせても素敵なものができます。

Part 3 さらに草花を咲かせて楽しむ

ハンギングバスケットをつくる

1 土もれ防止にウレタンシートを器材のスリット部の内側に張る。

2 鉢底石を底部が隠れる程度に、土入れで入れる。

3 培養土をスリットの下の線まで入れる。

4 ポットを外し、スリットを片手で開きながら株の根元をスリットに通す要領で植えていく。

5 全体のバランスを考えながら側面に植え、根鉢の間に用土を詰める。器材上部に固定リングをはめる。

6 器材の上部にも花苗を植える。奥がウォータースペースとなるようにくぼみをつけ、用土を詰める。

7 乾燥防止のためにミズゴケを詰め込み、仕上げる。たっぷり水やりして、半日陰に2〜3日置く。

はじめての花づくりの常識

花壇や鉢植え用の肥料と、ハンギングバスケット用の肥料は違うの？

とくに違いはありません。花用、植物全般用と記載されているものを選べば、どこにでも使えます。緩効性化成肥料は元肥として、培養土に混ぜて使います。ただし市販の培養土で元肥入りと明記されているものは不要です。追肥としては、緩効性化成肥料または速効性の液肥や化成肥料を使います。

ハンギングバスケットをつくろう

培養土は市販の草花用（元肥入り）を用意します。スリット部分に付属のウレタンシートを張ります。鉢底石を入れ、スリットの下まで培養土を入れ、下段から順に、スリットの下まで植えていきます。上部にも植えて、土をしっかり詰めます。土の表面をあらかじめ水に浸してよく絞ったミズゴケで覆い、たっぷり水やりして完成です。ミズゴケは土の乾燥や土がこぼれるのを防ぐのが目的です。

乾燥しやすいので水やりが大事

2階以上のベランダでは、必ず手すりの内側に掛けます。万一のことがあったら危険ですから、絶対に外側には掛けません。S字形金具などでしっかり固定しましょう。

ハンギングバスケットの水やりも、「鉢土が乾いたらたっぷり」の基本を守ります。ただし、風通しのよい空中に掛けてあるので、乾燥しがちです。水やりを忘れるとすぐに枯れてしまいます。

注ぎ口の細い水差しなどを使って鉢土に直接、時間をかけて全体に水が行き渡るように与えます。下に雑巾を入れたバケツを置いて流れ出る水を受け止めると、水はねを防ぐことができます。

73

お客様を迎える冬の玄関飾り。エリカ、プリムラ・ポリアンサ ジュリアン系3株、ガーデンシクラメン、スイートアリッサム、パンジー、シロタエギク、ヘデラなど、ピンク系でまとめて。

吊り下げタイプのハンギングバスケット。黄花のクリサンセマム・ムルチコーレとビオラ、紫花のビオラとロベリアに白花のスイートアリッサムが印象的。

ハンギングバスケットをつくる

ハンギングバスケットのバリエーションを楽しみます

植物の組み合わせは自由自在。主役となる花、わき役となる花を配置し、動きを出す花を加えるとまとめやすくなります。

主役やわき役になる草花の草姿

鉢の寄せ植えと同じように、花の大きさや花色から主役になる花を選んでバスケットの側面の中央に、周囲にわき役となる花を配置するとまとめやすくなります。

主役やわき役になる草花の草姿は、パンジーやペチュニア、ベゴニア・センパフローレンスのように、こんもりと茂るタイプ。器材を覆い、ハンギングバスケット全体を半球状のまとまった形につくってくれます。

動きを出す草花の草姿

ハンギングバスケットの魅力は、空中にある分、「風」を感じられること。そのために動きを出す花を加えましょう。

動きを出す花は、フクシアやアイビーゼラニウムなどのように、茎を横に広がるように伸ばしたり、花を下向きにつけたりするもの。ヘデラやグレコマのように茎が下垂して伸びるもの。容器の側面の下部や横に植えるとよいでしょう。

さらに、バリエーションを広げるなら、茎

Part 3 さらに草花を咲かせて楽しむ

ハンギングバスケットをつくる

主役は黄葉のコリウスやデュランタ、黄花のルドベキア。わき役は小花のジニア・リネアリスなど。上部のオリヅルランが風に揺れて涼しげな夏のハンギングバスケット。

はじめての花づくりの常識

寄せ植えするときはどの土を使ったらいい?

草花用の土を使いましょう。野菜用やハーブ用、バラ用などの土が余っていたら、それも使えます。なお、根がしっかりと張る樹木と一緒に寄せ植えするときは、草花用や野菜用の土では軽すぎます。赤玉土を2～3割入れて使うとよいでしょう。

カラーリーフプランツも活躍

一般的な緑葉のほかに、銅葉、黄葉、銀葉、斑入り葉など、葉色の美しい植物をカラーリーフプランツといいます。

これをわき役の花に使いましょう。花を引き立て、雰囲気のある配植となります。銀葉や黄葉を使うと、全体が明るいイメージとなります。銅葉をほんの少し入れると、全体が引き締まり、落ちついたイメージとなります。コリウスなど、複雑な色合いの斑入り葉は、時には花以上に個性的で、主役に抜擢したくなるくらいです。

がやわらかくしなやかな葉をもつもの、葉が細長くて曲線を描くようなものを、容器の上部に配植します。わき役の花の上で風に揺れる姿は、また違ったイメージを発揮します。

3ヵ月は楽しみたい

鉢の寄せ植えと同じように、ハンギングバスケットも草花の好む環境に応じて置き場所に気を配り、花がら摘みや追肥をします。粒状の緩効性化成肥料の場合は土の表面を少し掘り、土に混ぜて使います。液肥の場合は希釈倍数に薄め、10日に1回、与えます。茎が伸びすぎて草姿が乱れたら、切り戻しをすると新芽が伸びて再び開花します。

主役やわき役となる花

ハンギングバスケットに向く草花図鑑

ポット苗や鉢花を使ってハンギングバスケットをつくります。主役やわき役となる花、葉色や葉姿の美しいカラーリーフプランツに分類しました。組み合わせは自由自在、開花時期、草姿のバランス、配色をポイントにコーディネートを楽しみましょう。ほかの図鑑ページも参照して花選びをしましょう。

つる状に茎を伸ばして花をつける
アイビーゼラニウム

花色：✤✤✿　日照：☀
フウロソウ科　半耐寒性常緑宿根草　原産地：南アフリカ　草丈：15〜40cm　開花期：3〜7月、9〜11月
特徴：茎が長く伸び、ヘデラ（アイビー）の葉形に似た多肉質の葉をつけます。春と秋の2回、開花します。
栽培：日なたを好みますが、暑さと雨が苦手。夏は風通しのよい半日陰に。水やりの間隔をあけて乾燥気味に。

さわやかな色の星形の花が魅力
イソトマ

花色：✤✤✿　日照：☀
キキョウ科　非耐寒性一年草　原産地：オーストラリア　草丈：20〜40cm　開花期：5〜10月
特徴：茎はしなやか、花径3〜4cm、夏の暑さに負けずに長期間咲き続けます。汁液でかぶれることもあるので注意。
栽培：日なたを好みます。過湿を嫌うので雨に当てないこと。肥料は少なめに、花がら摘みはこまめにします。

小さな青色の花を長期間咲かせる
アメリカンブルー
（エボルブルス）

花色：✤　日照：☀
ヒルガオ科　非耐寒性宿根草　原産地：北アメリカ　草丈：15〜25cm　開花期：5〜11月
特徴：茎は放射状に伸びて、花径2〜3cmの青色の花を咲かせます。霜に当たらず5℃以上あると越冬します。
栽培：夏の暑さと直射日光を好みます。過湿に弱いので水やりに注意。草姿が乱れたら切り戻しをすると再開花します。

Part 3 さらに草花を咲かせて楽しむ

ハンギングバスケットに向く草花図鑑

可憐な扇状の花を株いっぱいに咲かせる
スカエボラ
（ブルーファンフラワー）

花色：✿✿✿　日照：☀

クサトベラ科　半耐寒性落葉宿根草　原産地：オーストラリア　草丈：20～30cm　開花期：5～11月

特徴：茎は横に広がるように伸びるのでハンギングバスケット向き。夏の暑さにも強く、晩秋まで開花します。

栽培：日当たりと風通しのよい場所で。伸びた茎の先端を摘み取るとわき芽が伸びて花数がふえます。追肥が必要です。

小輪多花性のペチュニア近縁種
カリブラコア

花色：✿✿✿✿✿　日照：☀

ナス科　半耐寒性常緑宿根草　原産地：南アメリカ　草丈：15～20cm　開花期：4～11月

特徴：ペチュニアより花や葉は小型、耐寒性があります。ほふくするタイプと、こんもり茂るタイプがあります。

栽培：強健。雨を避けて、風通しのよい日なたで育てます。草丈が伸びすぎたら半分に切り戻して、追肥します。

しなやかな茎に小さな黄花
ダールベルグデージー
（ディソディア）

花色：✿　日照：☀

キク科　非耐寒性一年草　原産地：北アメリカ南部～中央アメリカ　草丈：10～20cm　開花期：5～10月

特徴：直径2cmほどの花を初夏～秋に開花。糸状の葉は繊細で、横に広がるように茎を伸ばします。

栽培：乾燥地の花で、暑さに強く丈夫ですが、雨や多湿を嫌います。花がら摘みと切り戻しで長く咲き続けます。

ボール状の大きな花房が素敵
ゼラニウム
（テンジクアオイ）

花色：✿✿✿　日照：☀

フウロソウ科　半耐寒性常緑宿根草　原産地：南アフリカ　草丈：15～50cm　開花期：3～11月

特徴：茎が多肉質で乾燥に強く、四季咲き性があります。葉に模様の入るモミジバゼラニウムはカラーリーフとして利用。

栽培：雨の当たらない、日当たりと風通しのよい場所で、真夏は半日陰に。花がら摘みと追肥、切り戻しが必要です。

つる性の茎に丸い葉とカラフルな花
ナスタチウム
（キンレンカ）

花色：★★★☆　日照：☀

ノウゼンハレン科　非耐寒性一年草　原産地：南アメリカ　草丈：30〜50cm　開花期：4〜7月、9〜10月

特徴：葉は緑葉と斑入り葉があります。寒冷地は夏も開花。花や葉は食用にでき、ピリッとした辛みはサラダに向きます。
栽培：日なたを好みますが、夏は半日陰に。開花中はリン酸分の多い肥料を追肥。花がら摘みはこまめにします。

2色咲きの花は夏に元気
トレニア
（ナツスミレ）

花色：★★★☆　日照：☀◐

ゴマノハグサ科　非耐寒性一年草　原産地：東南アジア　草丈：20〜30cm　開花期：5〜10月

特徴：花つきのよさと育てやすさが魅力。真夏も旺盛に花をつけるので、夏の花壇やコンテナにも向きます。
栽培：土を乾燥させると急に株が衰えるので、水やりします。花がら摘みと枯れ葉取りは早めに、追肥も必要です。

風に揺れる貴婦人のイヤリング
フクシア
（ツリウキソウ）

花色：★★★☆　日照：☀

アカバナ科　非耐寒性常緑低木　原産地：中南米　樹高：20〜50cm　開花期：3〜7月

特徴：シンプルな一重咲きとふっくらとした八重咲きがあります。下垂する花は横からや下からの観賞向き。
栽培：日なたを好みますが、夏は半日陰の涼しいところに。開花中は花がら摘みと追肥が必要。挿し木が容易です。

葉の形や色がボタンの花のよう
ハボタン

葉色：🍂🍂🍂　花色：✿　日照：☀◐

アブラナ科　耐寒性常緑宿根草（一年草扱い）　原産地：ヨーロッパ西部　草丈：10〜40cm　観賞期：10〜4月

特徴：葉を鑑賞。ポット植えのミニタイプを利用します。半日陰でも育つので、北向きの玄関わきにも飾ることができます。
栽培：冬の間は成長しないので角度と高さをそろえて密に植えます。水やりは暖かい日の午前中に。肥料は不要です。

Part 3 さらに草花を咲かせて楽しむ

ハンギングバスケットに向く草花図鑑

春〜夏を咲きとおす
ペチュニア
（ツクバネアサガオ）

花色：🌸🌸🌸🌸🌸　日照：☀
ナス科　非耐寒性一年草　原産地：南アメリカ
草丈：15〜40㎝　開花期：4〜11月

特徴：大輪から小輪まで、一重と八重咲きがあり、花色豊富。ほふくタイプや小輪多花性品種を選びます。
栽培：雨を避け、日当たりと風通しのよい場所でよく育ちます。草姿が乱れたら切り戻してわき芽を伸ばします。

丈夫で花つきがよいのが魅力
ベゴニア・センパフローレンス
（四季咲きベゴニア）

花色：🌸🌸🌼　日照：☀◐
シュウカイドウ科　非耐寒性常緑宿根草（一年草扱い）
原産地：南アメリカ　草丈：20〜40㎝　開花期：4〜10月

特徴：緑葉と銅葉があり、同じ花色でもイメージは異なります。こんもりとした草姿で長期間開花します。夏花壇にも向きます。
栽培：日なたから半日陰、風通しのよい場所で。開花のピークが過ぎたら切り戻すと再開花。5℃以上で越冬します。

ふんわりと小花が舞い飛ぶ
ロベリア・エリヌス
（ルリチョウソウ）

花色：🌸🌸🌼　日照：☀
キキョウ科　非耐寒性一年草　原産地：南アフリカ
草丈：10〜20㎝　開花期：4〜6月

特徴：さわやかな初夏の花。半球状に茂り、株いっぱいに小さな花を咲かせます。宿根タイプもあり、秋まで開花します。
栽培：蒸れに弱いので雨の当たらない風通しのよいところで。乾燥にも過湿にも弱いので水やりに注意します。

小花が咲き進むにつれ変化
ランタナ
（シチヘンゲ）

花色：🌸🌸🌸🌸🌼　日照：☀
クマツヅラ科　半耐寒性常緑低木　原産地：熱帯アメリカ　樹高：20〜100㎝　開花期：6〜11月

特徴：小花が手毬状に集まり、外側から開花。斑入り葉もあります。丈夫で、夏も休まず咲き続け、秋に花数が多くなります。
栽培：日なたを好みます。花がら摘みをこまめに。水切れに弱いので注意。南関東では軒下などで越冬します。

カラーリーフプランツ

細長い葉が曲線を描く
オリヅルラン

花色：❀　葉色：🌿🌿　日照：☀◐●　アンテリウム科
（ユリ科）　半耐寒性常緑宿根草　原産地：南アフリカ
草丈：20～30cm　開花期：6～9月　観賞期：4～11月

特徴：室内用の観葉植物ですが、春～秋は戸外でよく育ちます。バスケットの上部に入れると躍動感を演出。
栽培：日なたから日陰まで、どこでもよく育ちます。根が多肉質なので過湿が苦手。水やりに注意します。

サツマイモの園芸品種で葉色を観賞
イポメア
（サツマイモ）

ライムカラー（左右）と斑入り葉（中央）

葉色：🌿🌿🌿　日照：☀
ヒルガオ科　非耐寒性球根（一年草扱い）　原産地：熱帯
つるの長さ：40～60cm　観賞期：5～10月

特徴：暑さにも雨にも強く、旺盛につるを伸ばすので、夏のハンギングバスケットに利用。日なたで葉色がよくなります。
栽培：葉が大きいので、ほかの花をじゃましないように切り戻します。元肥のみで、追肥は不要。挿し芽で繁殖します。

花よりにぎやかな葉色を楽しむ
コリウス
（キンランジソ）

葉色：🌿🌿🌿🌿🌿　日照：☀
シソ科　非耐寒性一年草　原産地：東南アジア
草丈：20～70cm　開花期：7～9月　観賞期：5～10月

特徴：葉の色や形、大きさはさまざまで、品種は多数。梅雨の長雨にも夏の強光にも耐えて長く楽しめます。
栽培：植えつけは5月。草姿が乱れたら切り戻します。水切れ、肥料切れさせないこと。花穂は早めに摘み取ります。

斑入り葉と長く伸びる赤茶色の茎
グレコマ
（フイリカキドウシ）

花色：❀　葉色：🌿　日照：☀◐
シソ科　耐寒性常緑宿根草　原産地：ヨーロッパ　つるの長さ：30～100cm　開花期：3～5月　観賞期：3～9月

特徴：ほふくタイプの宿根草で、バスケット下部に植えると茎を長く伸ばして垂れ下がります。寒冷地では冬は落葉します。
栽培：強健で、日なたから半日陰でよく育ちます。水切れに弱いので、土が乾いたらたっぷり水やりします。

Part 3 さらに草花を咲かせて楽しむ

ハンギングバスケットに向く草花図鑑

どんな植物にも合う便利なつる植物
ヘデラ
（アイビー）

葉色：🌿 日照：☀️☁️●
ウコギ科　半耐寒性常緑つる性植物　原産地：ヨーロッパ　つるの長さ：10〜300cm　観賞期：1〜12月
特徴：品種は多く、葉の大きさや形、色、茎の伸び方は多様。強健で、室内でも戸外でも利用できます。
栽培：高温多湿を嫌うので、夏は根鉢をくずさず植えます。旺盛に伸びるので、切り戻してコントロールします。

白い綿毛が密生する銀葉の代表種
シロタエギク
（ダスティーミラー）

葉色：🌿 日照：☀️
キク科　耐寒性常緑宿根草　原産地：地中海沿岸
草丈：20〜60cm　観賞期：1〜12月
特徴：寒さに強く、冬〜春の寄せ植え、ハンギングバスケットに重宝します。葉の切れ込みは品種によって異なります。
栽培：日なたでよく育ちます。夏は雨の当たらない場所で蒸れを防ぎます。茎が伸びはじめたら切り戻します。

褐色の針金のようなつるがユニーク
ワイヤープランツ
（ミューレンベッキア）

葉色：🌿 日照：☀️☁️
タデ科　耐寒性常緑つる性植物　原産地：ニュージーランド　つるの長さ：30〜100cm　観賞期：1〜12月
特徴：葉は小さく、緑葉と斑入り葉があります。室内や戸外のカラーリーフプランツとして活躍。南関東では戸外で越冬。
栽培：日なたから半日陰でよく育ちます。水切れすると株が弱るので注意を。草姿が乱れたら切り戻します。

楕円形のフェルト状の葉が躍る
ヘリクリサム

葉色：🌿🌿 日照：☀️
キク科　半耐寒性常緑宿根草　原産地：南アフリカ
草丈：15〜70cm　観賞期：1〜12月
特徴：茎が横に這うように広がり、躍動感を演出します。葉色は銀葉、黄葉、斑入り葉があり、銀葉が強健です。
栽培：日なたと乾燥気味の土を好みます。高温多湿で蒸れやすいので、枝数を減らし、雨を避けます。

Column

土と植物に関する疑問にお答えします！

Q 空き地や庭の土を鉢土にしていいの？

A 空き地や庭の土をそのまま鉢土にしても、排水性や通気性が悪くて植物はよく育ちません。鉢植えは限られた量の土で植物を育てなければならないので、団粒構造がしっかりできた、とくによい土でなければなりません。市販の培養土を使うか、赤玉土6～7、完熟腐葉土3～4の割合でブレンドして使いましょう。

Q 古土は再利用できる？

A 鉢の土は、毎日の水やりなどによって団粒構造がこわれ、排水性や通気性が悪くなっています。ひと手間かけて、再生してから使いましょう。

とくに病害虫が発生しなかった土の場合、まずシートの上などに土を広げ、土をくずします。目の粗いふるいにかけて鉢底石、古い根、枯れ葉などを取り除きます。鉢底石は水で洗って乾かし、そのまま再利用できます。古土はよく乾かしたあと、半量の新しい培養土を混合して再利用します。

病害虫が発生した土の場合、消毒が必要です。古い根などの不純物を取り除いてよく乾かしたあと、ビニール袋に1/3ほど入れて十分に湿らせ密封し、直射日光に当てて蒸気消毒します。夏は10日ほど、それ以外の季節は3週間ほど必要です。そのうえで、半量の新しい培養土を混合して再利用します。

Q 植え替えして数日経って元気がないみたい。失敗？

A 置き場所と水やりに気を配り、もう少しようすをみましょう。ところで、植え替えに使った土は、粗悪品ではありませんでしたか。安価すぎる培養土は要注意。未熟な堆肥が入っていたりすると根を傷めます。信頼のおけるメーカーのものを選びます。

鉢土は根鉢の周りなどにしっかり詰めましたか。すき間があいていると、そこから枯れ込んでいくことがあります。箸などで土をしっかり導き入れて、鉢をトントンと軽く床な

どに打ちつける、植え替え直後にたっぷり水やりして、土が減った部分は土を足すなどしておきます。これが植え替えに失敗しないコツです。

1 古土をくずし、目の粗いふるいにかける。
2 鉢底石、古い根などを取り除く。鉢底石は洗って乾かし再利用する。
3 乾燥させる。病害虫が発生しなかった土は5へ。
4 ビニール袋に1/3入れて十分に湿らせ密封し、直射日光で消毒する。
5 半量の新しい培養土を混合して再利用する。

Part 4
花のある庭をつくろう

庭の一角をブロックで囲った「わたしの花壇」、花たちのための特別な場所になります。お気に入りの花を育てて季節の推移を楽しみます。

ギンバイカ、ギョリュウバイなどを植えた冬〜春の花壇

花壇をつくる

花壇の土づくりが大切です

花壇にきれいな花を咲かせるには、花壇をつくる場所を選び、植物が喜ぶよい土に植えることが大切です。

12月に完成した冬〜春花壇。パンジーやスイートアリッサムの株間は、広めにとっておくと、春に大株に育つ。

庭の一角にトレリスを設置し、20×10cmのブロック27個を2段に積み上げた、土の部分の面積0.77㎡（1.1m×0.7m）の小さな花壇。

花壇をつくろう

多くの草花は太陽が大好き。花壇をつくる場所は、南向きか東向きの、一日4時間以上日が当たるところを選びます。また、風通しが悪いと花壇の中の草花は蒸れて、病害虫が発生しやすくなりますから、風通しのよいところにします。水はけがよいということも重要なポイントです。

花壇の形は基本的には長方形や正方形、円形など。レンガなどで縁取りして花壇の土が流出するのを防ぎます。

花壇の土づくり

花づくりは土づくりから。花壇を新しくつくるとき、また1〜2年に1回を目安に、全面的に植え替えるときに、土づくりをします。草花が喜んで育つ、通気性、排水性、保水性のよい団粒構造の土にします。

① 雑草や小石、落ち葉、植えていた植物の根などをていねいに取り除きます。
② 酸度調節をします。多くの草花がよく育つpH5・5〜6・5の弱酸性に保つために、苦

84

Part 4 花のある庭をつくろう

花壇をつくる

用意するもの
剣スコップ、計量容器（ペットボトルでも可）、板、苦土石灰、腐葉土や堆肥（8ℓ/㎡）、緩効性化成肥料（100～150g/㎡）、使い捨てゴム手袋など

1 雑草や小石、落ち葉、植えていた植物の根などを取り除く。

2 苦土石灰約150gを散布し（目安は全体がうっすら白くなる程度）、深さ30cmほど耕す。

3 腐葉土と堆肥を合わせて6.4ℓ（2ℓのペットボトルで計量）、緩効性化成肥料100gをまいて、しっかり耕す。

4 土の表面を平らにならして土づくり終了。植えつけ1週間前までに済ませておきたい。

苦土石灰150～200g/㎡を散布し、スコップで深さ30cmまでよく耕します。土の塊はスコップでくずし、通気性をよくします。ガやコガネムシの幼虫がいたら捕殺します。

③酸度調節1週間後、土壌改良をします。土の団粒構造を促進するために腐葉土や堆肥などの有機物を合わせて8ℓ/㎡、元肥として緩効性化成肥料100～150g/㎡（肥料によって異なる）をまいて、スコップでよく耕します。

④板などを使って、土の表面を平らにならしておきます。

土づくりは、土の状態が安定するように、植えつけ1週間前までに済ませておきます。

とくに土の状態が悪い場合

水はけが悪い場所に花壇をつくる場合は、高さ20cmほどレンガなどを積み上げ、レイズドベッド（立ち上げ花壇）にするとよいでしょう。土は庭土や市販の赤玉土、黒土を基本用土に、堆肥や腐葉土などの土壌改良材を30～40％加えます。

粘土質の土の場合は冬の間に何回か掘り起こし、寒風に当てて土を砕き、砂やパーライトを20～30％混ぜて通気性をよくします。腐葉土や堆肥などを10ℓ/㎡入れて土の団粒化を促進します。

花壇をつくる

花壇の配植をし、苗を植えつけます

混植花壇を楽しみましょう。植えっぱなしでよいゾーンと、季節ごとに植え替えを楽しむゾーンとに分けておきます。

用意するもの
剣スコップ、移植ゴテ、ハス口のついたホース（またはジョウロ）、手袋

冬～春花壇の配植図

おおまかでよいので配植図を描くと、苗の購入の目安となる。苗の成長後の姿や、花や葉の色をよく考えてから苗を購入する。宿根草などを中心とした植えっぱなしゾーンと、一年草を中心とした植え替えゾーンに分けると管理がラクになり、年間を通して楽しめる。

1：メラレウカ　2：ギョリュウバイ
3：イチゴノキ　4：クリスマスローズ
5：タイム　6：エレモフィラ
7：ギンバイカ　8：キンギョソウ
9：パンジー　10：スイートアリッサム

＝ 植え替えゾーン
＝ 植えっぱなしゾーン

苗の配置

入手した苗を並べ、位置や間隔を確かめる。微調整や苗の入れ替えなどはこの時点で行うとよい。

花壇をデザインする

日照条件に合わせて、使える植物をチェックしましょう。植物の組み合わせは草姿、草丈、株張り、花の色、葉の色、開花期などを考えて決めます。とくに花色の組み合わせはデザインのポイントです。

公共の花壇などでよく見られるように、一年草のポット苗を植えた花壇は華やかですが、年間2～5回は全面的に植え替えなくてはなりません。またきれいな状態を保つためには、花がら摘みや追肥、雑草取りなど、日ごろの管理が必要です。

樹木と宿根草、一年草の混植花壇

忙しくてそれほど庭づくりに時間を使えないという方は、植え替えなどの手間が少なくでも季節感のある花壇をつくりましょう。

樹高1m前後の花木で花壇の骨格（元となる形）をつくり、花壇面積の6～7割を宿根草や植えっぱなしにできる球根、樹高30cm程度の低木で埋め（植えっぱなしゾーン）、残りの3～4割を一年草（植え替えゾーン）に

86

Part 4 花のある庭をつくろう — 花壇をつくる

苗の植えつけ

5 苗の高さが地表面と同じになるように調節。苗の株元を軽く手で押さえて土を落ちつかせる。

3 同様に、植えっぱなしゾーンの花木や宿根草の苗を植えつける。

1 後方から順に植える。苗の大きさに合わせて穴を掘り、ポットごと苗を入れて穴の大きさを確認。

6 すべての苗を同様に植えつけ、最後に株元にホースなどでたっぷり水やりをする。

4 入れ替えゾーンのポット苗を植える。根鉢と同じ大きさの穴を掘り、ポットを外して植える。

2 ポットから苗を取り出し、根鉢をくずさず植え、苗の高さが土の表面と同じになるように調節する。

苗の植えつけ

用意した苗をポットのまま配置して、全体のバランスを確かめます。花壇の奥から手前に順に植えていくと、先に植えた株を傷めずに作業できます。

移植ゴテやスコップで根鉢と同じ高さの穴を掘り、ポットを外して苗を入れ、地面の高さと根鉢の上面が同じ高さになるように植えます。株元に土を寄せて軽く手のひらで押さえて株を安定させます。

すべての植えつけが終わったら、水やりです。1株ずつ、株元にしみこませるつもりで、時間をかけてたっぷり与えます。葉についた土などもきれいに洗い流します。花壇の周囲にこぼれた土はきれいに掃き清めます。

してみましょう。冬花壇にはチューリップなどの球根を植えておくと、春が楽しみです。

花木や宿根草は、常緑なら冬も花壇に彩りを添えてくれます。花が咲いて季節の推移を教えてくれます。葉色が美しいカラーリーフプランツなら、さらに楽しみが広がります。

花木は高さの異なるものを3〜5本、不等辺三角形に配置するのがコツ。さらに宿根草などをバランスよく配植します。植え替えが必要な一年草のエリアは作業のしやすい花壇の前面に決めておきます。

混植花壇の年間管理計画を立てます

植えっぱなしゾーンは季節ごとに咲く花を楽しみます。
植え替えゾーンは咲き終わった株を抜き取り、新たな花苗を加えて楽しみます。

開花期間の長い一年草

冬〜春 パンジー、ストック、カレンデュラ'冬知らず'、クリサンセマム'ノースポール'、スイートアリッサム、イオノプシジウム、プリムラ・ポリアンサ

パンジー

スイートアリッサム

初夏〜秋 ペチュニア、ベゴニア・センパフローレンス、インパチェンス、マリーゴールド、アゲラタム、サルビア・スプレンデンス、ジニア・リネアリス、ジニア'プロフュージョン'、メランポジウム

ジニア・リネアリス

ペチュニア'プライムタイムミッドブルー'

植えっぱなしゾーンの管理

植えっぱなしゾーンは低木と宿根草、球根がメイン。植えつけて2〜3年は年々大きく成長して、立派な花を咲かせてくれるのが楽しみです。きれいに咲いてくれるように、ほんの少しの気配りが必要です。

水やりと追肥 水やりは夏や冬の乾燥が激しいときのみ行います。宿根草の肥料は「芽出し肥」の2〜3月と、「お礼肥」の10〜11月の2回が基本です。狭い花壇ですから、低木や球根も同時に施肥してしまいます。ついでに地面を軽く耕して（中耕という）、土と肥料を混ぜておきます。こうすると土の通気性や排水性がよくなります。

支柱立て 高性の宿根草は必要に応じて、支柱を立てて倒伏を防ぎます。

花がら摘み、切り戻し 花がら摘みはもちろん必要です。シュッコンネメシアなど、花穂を伸ばすものは花茎の元で切り戻すと次の花が咲いてくれます。シュッコンバーベナなどは一度咲き終わったら刈り込んでおくと次の花が咲きます。

Part 4 花のある庭をつくろう

花壇をつくる

開花期間は短いが季節感を演出する一年草

冬 ハボタン、プリムラ・マラコイデス'うぐいす'

ハボタン

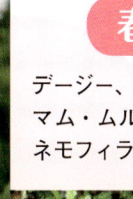

プリムラ・マラコイデス'うぐいす'

春 デージー、クリサンセマム・ムルチコーレ、ネモフィラ

デージー

ネモフィラ

夏 アスター、ニチニチソウ、ポーチュラカ

アスター

秋 コスモス、ケイトウ

コスモス

ケイトウ

初夏 ロベリア・エリヌス、アグロステンマ、ハナビシソウ

ハナビシソウ

ロベリア・エリヌス

植え替えゾーンの管理

水やり、花がら摘み、切り戻しなどの管理は宿根草と同じです。長期間咲き続けるものは肥料切れすると花つきが悪くなりますから、1カ月に1回の施肥を心がけます。

植え替え 開花期間が終了したときに行います。同じ一年草でも開花期間の長いものと短いものがあります。開花期間の長いものをメインに年2〜3回植え替え、さらにその季節にしか咲かない開花期間の短いものを足したり引いたりして楽しみましょう。草丈で植えつける場所を決めます。そして同じ開花期の宿根草などとの花色のコーディネートを心がけると、素敵な花壇になります。

花を育てていると、園芸店をのぞくのも楽しみのひとつになります。お気に入りの花を見つけて、花壇に足してみましょう。

樹木の剪定 剪定の適期は花後すぐ。込み合った枝や伸びすぎた枝を切ります。

植え替え 5〜6年を目安に、大株になりすぎて、花数が減ったものは株分けと植え替えをします。

テリトリーの制限 地下茎で縦横に子株を出すもの、地を這いながらふえ広がるものは、生育範囲を決め、それ以上ふえたものは除去します。

89

低木

円錐形の花房と紅葉する大きな葉
カシワバアジサイ

花色：✿　日照：☀
アジサイ科（ユキノシタ科）　耐寒性落葉低木　原産地：北アメリカ　樹高：50〜200㎝　開花期：6〜7月
特徴：花は一重と八重咲きがあり、白花は咲き進むにつれ淡い緑になります。秋の紅葉、冬芽の美しさも魅力です。
栽培：夏の西日を避けて植えます。花後に花の下の新芽の位置で切ります。古い枝に花芽がつくので剪定は不要。

庭や花壇の草花図鑑

庭や花壇には、一度植えると何年も成長を続ける低木と宿根草や球根で基本的な骨格をつくります。毎年同じ時期に花が咲いて季節の推移を教えてくれる花たちです。常緑の宿根草の面積を広くしておくと、雑草防止にも役立ちます。さらに、季節ごとに出回る一年草のポット苗や鉢花を植え替えて楽しみます。

葉をこすると柑橘の香りが
メラレウカ
（ティーツリー）

花色：✿　葉色：🍃🍃🍃
日照：☀ ◐　フトモモ科
半耐寒性常緑低木
原産地：オーストラリア
樹高：30〜200㎝
開花期：4〜5月
特徴：線形の葉が密に茂り、黄葉や銅葉は冬に葉色が冴えます。南関東以西の地域なら庭植えできます。
栽培：日なたを好みますが、夏の西日が当たらないところに植えます。乾燥に弱いので、寒風を避け、水やりします。

冬〜春に花をつける貴重な花木
ギョリュウバイ
（レプトスペルマム）

花色：✿✿✿　日照：☀
フトモモ科　半耐寒性常緑低木　原産地：オーストラリア　樹高：20〜200㎝　開花期：12〜5月
特徴：花径1〜2㎝のウメに似た花を枝いっぱいに咲かせます。南関東以西なら庭植えできます。
栽培：日なたを好みます。枝が込み合うと株の内部が蒸れて枯れるので、花後に剪定をします。花芽分化は秋。

Part 4 花のある庭をつくろう

庭や花壇の草花図鑑

花は梅雨を知らせるかのように咲く
タチアオイ
（ホリホック）

花色:✿✿✿✿✿✿　日照:☀
アオイ科　耐寒性常緑宿根草　原産地:小アジア
草丈:150〜200cm　開花期:6〜7月

特徴:雄大な花穂を立て、下から順に咲き上がります。花は一重と八重咲き、秋まきで翌年開花するタイプもあります。
栽培:日なたで育てます。花後に花茎を元から切り、古葉も整理します。3年ごとに株分けして植え替えます。

宿根草　高性（草丈60cm以上）

大型の葉と穂状の花に存在感が
アカンサス
（ハアザミ）

花色:✿　日照:☀◐
キツネノマゴ科
耐寒性常緑宿根草
原産地:地中海沿岸
草丈:100〜150cm
開花期:6〜8月

特徴:光沢のある大きな葉には切れ込みがあり、夏に雄大な花穂を立てて、人目を集めます。苞が紫褐色で、花弁が白花のユニークな花。
栽培:日なたから半日陰、水はけのよい土に植えます。咲き終わった花茎を元から切り、枯れ葉は除去します。

サルビア・レウカンサ 　　サルビア・エレガンス

サルビア・グアラニティカ

花壇の後方に植えて夏秋を任せたい
シュッコンサルビア

花色:✿✿✿✿✿　日照:☀
シソ科　半耐寒性落葉宿根草　原産地:南アメリカ
草丈:60〜200cm　開花期:6〜10月

特徴:夏秋を咲きとおすグアラニティカやミクロフィラ、秋に開花するエレガンス、レウカンサが一般的。
栽培:日当たりと水はけのよい場所で育てます。大株になりすぎるので、適宜切り戻してコントロールします。

サルビア・ミクロフィラ

小さな花が頭頂に集まって咲く
アキレア
（ヤロー）

花色：✿✿✿✿✿　日照：☀
キク科　耐寒性常緑宿根草　原産地：ヨーロッパ
草丈：50〜60㎝　開花期：6〜9月

特徴：手間のかからない宿根草。葉をドライにしてハーブティーに、花は切り花やドライフラワーで楽しみます。
栽培：日当たりと水はけのよい土を好みます。高温多湿に弱いので花後は切り戻して、株元の蒸れを防ぎます。

宿根草　中性（草丈 30〜60㎝）

力強い線形の葉とブルーの花が魅力
アガパンサス
（ムラサキクンシラン）

花色：✿✿　日照：☀
ネギ科（ユリ科）　耐寒性常緑宿根草　原産地：南アフリカ　草丈：30〜60㎝　開花期：6〜7月

特徴：品種が多く、常緑系は耐寒性がないので南関東以西向き。落葉系は寒さに強いので冷涼地向き。どちらも強健です。
栽培：日なたと水はけのよい土を好むので、腐葉土をたっぷり入れて植えます。株が込み合ってきたら株分けをします。

ピンクの花穂を立て夏ににぎやか
フィソステギア
（ハナトラノオ）

花色：✿✿　日照：☀
シソ科　耐寒性落葉宿根草　原産地：北アメリカ
草丈：40〜80㎝　開花期：7〜9月

特徴：列状に小花が咲く花穂をトラの尾に見立てた名をもちます。強健で栽培容易、毎年夏の庭を彩ります。
栽培：日当たりと水はけのよい土に植えます。地下茎を縦横に伸ばしてふえるので、春に芽を整理します。

白いチョウが舞い集まり夏〜秋を咲く
ガウラ
（ハクチョウソウ）

花色：✿✿　日照：☀
アカバナ科　耐寒性落葉宿根草　原産地：北アメリカ
草丈：30〜80㎝　開花期：6〜11月

特徴：すっと伸びた花茎の先に小花をたくさんつけます。暑さにも寒さにも強く、こぼれダネでもふえます。
栽培：日なたに植えます。伸びすぎると茎が倒伏しやすいので時々切り戻します。株分けは3〜4年ごとに、春に行います。

Part 4 花のある庭をつくろう

庭や花壇の草花図鑑

薄紫色のやさしげな花が魅力
ミヤコワスレ
（ミヤマヨメナ）

花色：✿✿✿　日照：◐
キク科　耐寒性常緑宿根草　原産地：日本
草丈：30〜40cm　開花期：4〜5月
特徴：花名は佐渡に流された順徳天皇が「この花で都を忘れることができる」と話したことに由来。古くから栽培されます。
栽培：開花まで日なた、夏は日陰になる場所に植えます。花後、花茎を切り、追肥すると翌年の花つきがよくなります。

植えっぱなしできる夏の宿根草
ヘメロカリス
（デイリリー）

花色：✿✿✿✿✿　日照：☀
ヘメロカリス科(ユリ科)　耐寒性常緑宿根草　原産地：日本、中国　草丈：30〜80cm　開花期：5〜9月
特徴：ユウスゲやカンゾウなどの園芸品種群で、花色豊富。強健で、ひと花は短命でも夏じゅう咲き続けます。
栽培：日なたを好みます。腐葉土をたっぷり入れて植えます。花がら摘みをこまめにして、結実させないこと。

ラベンダーコモン系 　　ラベンダーフレンチ系

さわやかな香りが心地よい _f_
ラベンダー

花色：✿✿✿　日照：☀
シソ科　耐寒性常緑低木(宿根草扱い)　原産地：地中海沿岸　樹高：50〜90cm　開花期：5〜7月、9〜10月
特徴：香りを楽しむハーブ。種類は多く、コモン系は冷涼地向き、フレンチ系は温暖地にも向きます。
栽培：日当たりと水はけ、風通しのよいところに。蒸れに弱いので梅雨入り前に株全体の1/3を刈り込みます。

アゲラタムに似た花がふんわりと
ユーパトリウム
（ミストフラワー）

花色：✿✿　日照：☀◐
キク科　耐寒性落葉宿根草　原産地：北アメリカ
草丈：30〜50cm　開花期：8〜9月
特徴：夏の終わりを告げるかのように、8月中ごろに咲きだします。丈夫な宿根草で、よくふえ広がります。
栽培：日なたから半日陰、水はけのよい土に植えます。地下茎を縦横に伸ばすので、ふえすぎたら春に間引きします。

宿根草　わい性（草丈 30cm以下）

冬の葉色が美しいカラーリーフプランツ
クローバー
（トリフォリウム・レペンス）

花色：✿　葉色：🌿🌿🌿　日照：☀
マメ科　耐寒性常緑宿根草　原産地：ヨーロッパ
草丈：10～20cm　開花期：4～6月

特徴：葉色が美しい、クローバーの園芸品種が出回ります。カーペット状に広がるので、敷石の間などに向きます。
栽培：日当たりと風通し、水はけのよい土に植えます。追肥は不要。よくふえ広がるので、ときどき間引きます。

花色が白から桃へ変化して2色咲きに
エリゲロン・カルビンスキアヌス
（ゲンペイコギク）

花色：✿✿　日照：☀
キク科　耐寒性常緑宿根草　原産地：中央アメリカ
草丈：20～30cm　開花期：5～10月

特徴：小さな花が群れるように咲き続けます。花壇の前面や敷石の間、コンテナなどに植えるとよく映えます。
栽培：日当たりと風通し、水はけのよい土に植えます。高温多湿の蒸れに弱いので梅雨入りごろに刈り込みます。

綿毛のような感触の葉が心地よい
ラムズイヤー
（スタキス）

花色：✿　葉色：🌿　日照：☀
シソ科　耐寒性常緑宿根草　原産地：西アジア
草丈：10～30cm　開花期：6～7月

特徴：茎を這うように伸ばして株を広げ、やわらかな銀葉を茂らせます。初夏の花も見どころ。花壇の縁取りに。
栽培：日当たりと風通し、水はけのよい土に植えます。花後、花茎を株元から切って風通しをよくします。

ほふくする草姿を花壇の前面に
シュッコンバーベナ

花色：✿✿✿✿　日照：☀
クマツヅラ科　半耐寒性常緑宿根草　原産地：南アメリカ　草丈：15～30cm　開花期：5～11月

特徴：茎をほふくさせ、小さな花を半球状に集めて咲きます。花色豊富、ハンギングバスケットや寄せ植えにも向きます。
栽培：日当たりと風通し、水はけのよい土に植えます。途中、花数が少なくなってきたら刈り込んで追肥します。

Part 4 花のある庭をつくろう

庭や花壇の草花図鑑

甘い香りとやさしい花色が魅力
ストック
（アラセイトウ）

花色：✿✿✿✿✿　日照：☀
アブラナ科　耐寒性一年草　原産地：ヨーロッパ
草丈：20〜30cm　開花期：10〜5月

特徴：12月までに開花中の苗を植えると寒さで開花が進まず、春まで楽しめます。一重と八重咲きがあります。
栽培：寒風を避けた陽だまりで育てます。水切れすると株が弱るので、天候に応じて水やりします。

一年草　冬〜春に咲く

極小輪極多花性で冬によく咲く
カレンデュラ '冬知らず'
（フユシラズ）

花色：✿　日照：☀
キク科　耐寒性一年草　原産地：地中海沿岸
草丈：20〜50cm　開花期：11〜5月

特徴：寒さをものともせず、咲き続けます。夏もこぼれダネで開花。極強健な一年草で、冬花壇に重宝します。
栽培：日当たりと水はけのよい土を好みます。1株が大きくなるので株間は広めに。花がら摘みと追肥が必要です。

冬〜早春の花壇の主役で花色豊富
パンジー、ビオラ
（サンシキスミレ）

花色：✿✿✿✿✿✿　日照：☀☽
スミレ科　耐寒性一年草　原産地：ヨーロッパ中北部
草丈：10〜30cm　開花期：10〜5月

特徴：花径3cm以上をパンジー、3cm未満をビオラといいますが、厳密な違いはありません。冬もよく咲く品種が増大中。
栽培：元気な苗を選び、日当たりと水はけのよい場所に植えます。花がら摘みをこまめにし、追肥も必要です。

一、二年草　春〜初夏に咲く

ベル形の大きな花を穂状につけ豪華
カンパヌラ・メディウム
（フウリンソウ）

花色：✿✿✿　日照：☀
キキョウ科　耐寒性二年草　原産地：ヨーロッパ南部
草丈：25〜100㎝　開花期：5〜6月

特徴：高性は花壇の後方に、わい性の鉢花は花壇の前方に植えます。ボリュームのある花を楽しみます。
栽培：秋に腐葉土をたっぷり入れ、充実した苗を植えると大株になってよい花が咲きます。高性は支柱が必要です。

大輪の花が風になびく姿が印象的
アグロステンマ
（ムギセンノウ）

花色：✿✿　日照：☀
ナデシコ科　耐寒性一年草　原産地：ヨーロッパ　草丈：60〜90㎝
開花期：5〜6月

特徴：茎は細くしなやか、花径5〜7㎝の5弁の花が次々に咲きます。高性なので花壇の後方に植えます。
栽培：日当たりと水はけのよい土を好みます。苗の植えつけは11月か3月。4月に急に花茎を伸ばして開花します。

筒形の花をつけた雄大な花穂をつける
ジギタリス
（フォックスグローブ）

花色：✿✿✿✿✿　日照：☀◐
ゴマノハグサ科　耐寒性常緑宿根草（二年草扱い）　原産地：ヨーロッパ　草丈：60〜100㎝　開花期：5〜7月

特徴：初夏の花壇に植えたい花です。春にタネをまくと翌年初夏に開花する二年草で、冷涼地なら宿根します。
栽培：秋に出回る苗を植えます。または秋にタネをまいて育てます。花後、切り戻して追肥すると再開花します。

ピンクッションのような形がかわいい
コツラ・バルバータ
（ハナホタル）

花色：✿　日照：☀
キク科　耐寒性一年草　原産地：南アフリカ
草丈：10〜20㎝　開花期：3〜6月

特徴：羽状の葉を密に茂らせ、花径1㎝ほどのボタンのような黄花をつけます。ポット苗が秋〜春に流通。
栽培：日当たりと水はけのよい土を好みます。多湿に弱いので水やりに注意。花がら摘みはこまめにします。

庭や花壇の草花図鑑

英名は「Devil in a bush」。実の形に由来
ニゲラ
（クロタネソウ）

花色：✿✿✿　日照：☀
キンポウゲ科　耐寒性一年草　原産地：南ヨーロッパ
草丈：40～90cm　開花期：4～6月

特徴：葉は糸状でおしべが目立つ花を咲かせます。花後の実はドライフラワーに。熟したタネが黒色です。
栽培：移植を嫌うので、春に小苗の根鉢をくずさず植えます。肥料は少なめに、過湿にならないように育てます。

豪華な花穂や軽やかな花穂が魅力
デルフィニウム
（ヒエンソウ）

花色：✿✿✿✿✿　日照：☀　キンポウゲ科　耐寒性常緑宿根草（一年草扱い）　原産地：ヨーロッパ～小アジア
草丈：30～150cm　開花期：5～7月

特徴：八重咲きと一重咲きがあります。暑さに弱く、宿根できるのは冷涼地以北のみ。秋に苗を植えて咲かせます。
栽培：日当たりのよいところに腐葉土をたっぷり入れて苗を植えます。花が終わったら、花穂を切り戻すと再開花します。

微妙な色合いの小さなキンギョソウ
ヒメキンギョソウ
（リナリア）

花色：✿✿✿✿✿　日照：☀　原産地：モロッコ
ゴマノハグサ科　耐寒性一年草
草丈：20～40cm　開花期：3～6月

特徴：株元から分枝して、ほっそりとした花穂を多数つけます。花壇などに群植させると見事。寄せ植えにも向きます。
栽培：秋にタネをまくか、春にポット苗を植えます。花後、草丈を半分に切り追肥すると、また花が咲きます。

4弁の花が春の日ざしで輝く
ハナビシソウ
（カリフォルニアポピー）

花色：✿✿✿✿　日照：☀
ケシ科　耐寒性一年草　原産地：北アメリカ
草丈：30～40cm　開花期：4～5月

特徴：オレンジの一重咲きを基本に、花色豊富で、八重咲きもあります。2年目以降はこぼれダネでも開花します。
栽培：タネは秋まき。移植を嫌うので苗は根鉢をくずさず植えつけます。日当たりと風通しのよい場所を好みます。

一年草　初夏～秋に咲く花

高温多湿の日本の夏に強く、よく咲く
アンゲロニア

花色：✿✿✿　日照：☀
ゴマノハグサ科　非耐寒性常緑宿根草（一年草扱い）
原産地：中央アメリカ　草丈：50～60cm　開花期：6～10月

特徴：ほっそりとした花茎を伸ばし、ユニークな形の小花をつけます。病害虫の心配もなく、秋まで咲きます。
栽培：日当たりと水はけのよい場所にポット苗を植えます。花がら摘みと追肥、切り戻しで長く咲きます。

ポンポン咲きの小花が集まって
アゲラタム
（カッコウアザミ）

花色：✿✿✿　日照：☀
キク科　非耐寒性一年草　原産地：メキシコ、ペルー
草丈：20～80cm　開花期：5～11月

特徴：草丈20～30cmのわい性品種は株を覆うように開花。草丈80cmの高性は野の花の雰囲気で切り花にも向きます。
栽培：日なたを好みますが、夏の西日が当たらないところに植えます。水切れに注意し、こまめに花がら摘みをします。

ピンクの小花をふんわりと咲かせる
カスミソウ'ガーデンブライド'
（ジプソフィラ・ムラリス）

花色：✿　日照：☀
ナデシコ科　非耐寒性一年草　原産地：地中海沿岸
草丈：20cm　開花期：5～10月

特徴：草丈低く、よく分枝して半球状の草姿となるので、花壇や寄せ植えの前面に向きます。タネは春まきします。
栽培：日当たりと水はけのよい土を好みます。酸性土を嫌うので、苦土石灰で酸度調節し、ポット苗を植えます。

丈夫で長くよく咲く夏の花の代表
インパチェンス
（アフリカホウセンカ）

花色：✿✿✿✿✿　日照：☀◐　ツリフネソウ科　非耐寒性常緑宿根草（一年草扱い）　原産地：アフリカ東部
草丈：20～30cm　開花期：5～10月

特徴：花径3～5cmの一重が一般的で、八重咲きもあります。ニューギニアインパチェンスは大型で銅葉もあります。
栽培：西日の当たらない場所に、株間を広めに植えます。肥料切れ、水切れしないよう注意。切り戻すと再開花します。

Part 4 花のある庭をつくろう

庭や花壇の草花図鑑

ケイトウ  / ノゲイトウ

燃えるような花姿が元気を演出
ケイトウ
（セロシア）

花色：★★★★☆　日照：☀
ヒユ科　非耐寒性一年草　原産地：東南アジア
草丈：20〜90cm　開花期：5〜10月

特徴：花穂の形や草丈は多様でポット苗が出回ります。花穂の小さなノゲイトウは野趣があって長く開花。
栽培：日当たりと水はけのよい土を好みます。過湿を嫌いますが、水切れに弱いので注意。花がら摘みが必要です。

チョウが乱舞するような花姿
クレオメ
（セイヨウフウチョウソウ）

花色：✿✿　日照：☀
フウチョウソウ科
非耐寒性一年草
原産地：熱帯アメリカ
草丈：60〜100cm
開花期：6〜10月

特徴：茎の先端に花をつけ、下から順に咲き上がっていきます。長いおしべとめしべが風に揺れる姿が涼しげです。
栽培：日当たりと水はけのよい土を好みます。元肥を十分に入れて植えます。葉に水やりをしてハダニを防除します。

キバナコスモス  / コスモス

日本の秋を象徴する花
コスモス
（アキザクラ）

花色：★★★★☆　日照：☀
キク科　非耐寒性一年草　原産地：メキシコ
草丈：40〜100cm　開花期：6〜11月

特徴：秋咲きが基本ですが、品種改良が進み春から鉢花が出回ります。別種のキバナコスモスは赤、橙、黄の3色のみ。
栽培：日当たりと風通し、水はけのよい土を好みます。タネを直まきするか、小苗を植えると長く咲きます。

カラフルな実を楽しむトウガラシ
ゴシキトウガラシ
（カプシカム）

実色：●●●●○●●　日照：☀
ナス科　非耐寒性一年草　原産地：中南米
草丈：40〜100cm　開花期：6〜11月

特徴：観賞用トウガラシで食用には不向き。花は白か紫、実の色や形はさまざま。実色が変化するものもあります。
栽培：日当たりと水はけのよい土を好みます。水切れをおこすと株が傷むので注意。しぼみはじめた実は除き取ります。

サルビア・コクシネア

サルビア・スプレンデンス

サルビア・ファリナセア

3種がサルビアの名で流通
サルビア

花色：🌸🌸🌸🌼　日照：☀
シソ科　非耐寒性一年草　原産地：南アメリカ
草丈：30〜60cm　開花期：5〜11月

特徴：スプレンデンスは赤を基本に花色豊富。ファリナセア（紫、白）、コクシネア（赤、桃、白）も流通。
栽培：どれも日なたで育てます。がくが長く残りますが、花がら摘みは早めに。追肥と、夏は水やりが必要です。

かさかさとした質感の球形の花
センニチコウ

花色：🌸🌸🌸🌼　日照：☀
ヒユ科　非耐寒性一年草　原産地：熱帯アメリカ
草丈：15〜50cm　開花期：6〜10月

特徴：光沢のある花はドライフラワーにしても長く花色を保ちます。別種のキバナセンニチコウは黄や橙の花色です。
栽培：日当たりとやや乾燥した土を好みます。花後、花茎ごと切り取り、風通しをよくすると次々に花が咲きます。

環境浄化能力が高いエコ植物
サンパチェンス

花色：🌸🌸🌼　日照：☀　ツリフネソウ科　非耐寒性常緑宿根草（一年草扱い）　原産地：アフリカ東部
草丈：50〜60cm　開花期：5〜10月

特徴：インパチェンスの仲間。勢いよく成長し、二酸化炭素や二酸化窒素などを吸収する力が強いと注目の花。
栽培：日なたを好みます。苗の植えつけは4〜7月。定期的な追肥と、夏は水やりを。草姿が乱れたら切り戻します。

Part 4 ｜ 花のある庭をつくろう

庭や花壇の草花図鑑

夏を象徴する太陽の花
ヒマワリ
（サンフラワー）

花色：✿✿✿　日照：☀
キク科　非耐寒性一年草　原産地：北アメリカ
草丈：25～200㎝　開花期：7～8月
特徴：品種は多く、草丈や、花の大きさ、色、つき方はさまざま。草丈25㎝で開花するわい性品種も人気です。
栽培：タネから育てるのが容易。ポットにまいて花壇に植えます。本葉5～6枚で摘心すると花数がふえます。

**白く長いおしべが
ピンと反って**
ネコノヒゲ

花色：✿✿　日照：☀
シソ科　非耐寒性常緑宿根草（一年草扱い）
原産地：インド、マレー半島　草丈：40～60㎝　開花期：6～11月
特徴：花の長さ4～5㎝、おしべが長く伸びます。鉢物やポット苗が流通。越冬には10℃以上必要です。
栽培：日当たりと水はけのよい土を好みます。乾燥に弱いので水やりが必要。花後に切り戻すと、また花が咲きます。

明るい緑葉に鮮やかな黄花が映える
メランポジウム

花色：✿　日照：☀
キク科　非耐寒性一年草　原産地：メキシコ
草丈：20～60㎝　開花期：6～11月
特徴：花径2～3㎝、小輪ですが、暑さに強く、元気に咲き続けます。寄せ植えやハンギングバスケットにも向きます。
栽培：日当たりと水はけのよい土を好みます。こまめな花がら摘みと追肥で長く咲かせます。真夏は水やりも必要です。

黄と橙の花色は夏秋花壇の定番
マリーゴールド

花色：✿✿✿　日照：☀
キク科　非耐寒性一年草　原産地：中央アメリカ
草丈：20～100㎝　開花期：5～11月
特徴：わい性小輪のフレンチ系と高性大輪のアフリカン系があります。強健ですが、真夏の炎天下では花数が減ります。
栽培：日当たりと水はけのよい土を好みます。窒素肥料や水が多いと葉ばかり茂り、花が咲かなくなるので注意します。

人気の花

'オールドブラッシュチャイナ'
四季咲きで芳香があり、現代バラの元祖となったオールドローズ。

苗の庭への植えつけ

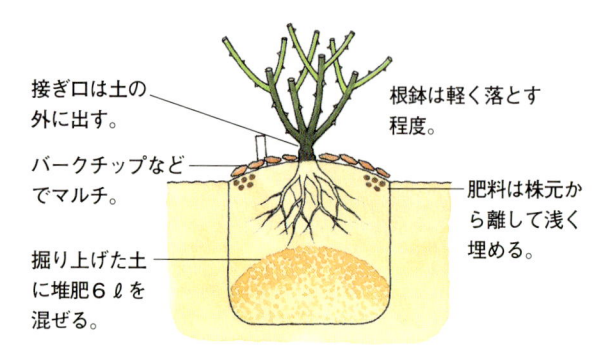

- 接ぎ口は土の外に出す。
- バークチップなどでマルチ。
- 掘り上げた土に堆肥6ℓを混ぜる。
- 根鉢は軽く落とす程度。
- 肥料は株元から離して浅く埋める。

冬の剪定

適期は1月中旬～2月、枯れ枝や古い枝を株元で切る。各枝ともにひざ下の位置を目安に切る。

―― 剪定の目安

花の女王の魅力を発揮させたい
バラ　ブッシュローズ

花色：★★★★☆　日照：☀
バラ科　耐寒性落葉低木　原産地：北半球の亜寒帯～亜熱帯　樹高：20～180cm　開花期：5～11月

特徴：バラには多くの樹形や系統がありますが、はじめて育てるなら、四季咲き性が強い、木立ち性（ブッシュローズ）の系統がおすすめです。つるバラのようにもてあますほど大きくなることはなく、初夏～秋を繰り返し咲き続けます。初心者は強健な品種を第一条件に、花色や花形、香りなどからお気に入りのものを選びましょう。木立ち性のバラは鉢植えにも向きます（写真で紹介しているのは、いずれも強健品種）。

栽培：苗には大苗（二年生苗）、新苗、鉢苗があり、失敗しにくく購入しやすい大苗からはじめるのが一般的です。大苗の植えつけは11～2月、完熟堆肥を十分に入れて植えつけます。新苗（5～6月）と鉢苗（通年）も根鉢をくずさず植えます。いずれも、4時間以上直射日光が当たり、風通しのよい場所を選びます。花が咲いたらすぐに切り戻し、追肥を欠かさないようにします。冬の剪定は1月中旬～2月に古枝は根元から、ほかの枝は、ひざ下の位置を目安に深く切ります。そのとき、元肥を施します。黒星病、うどんこ病、アブラムシ、カミキリムシ、ハダニに注意が必要です。鉢植えでは、コガネムシの幼虫が大敵です。

Part 4 花のある庭をつくろう

庭や花壇の草花図鑑

'リトルアーチスト'
紅色が鮮烈な強健種。枝が茂りすぎないよう、こまめに整枝する。

'アイスバーグ'
強健でトゲもなく育てやすいフロリバンダ。美麗な花をもつ名花。

'ジュビリーセレブレーション'
優美な花容と甘い香りをもつ、強健なイングリッシュローズ。

'トロピカルシャーベット'
非常に強健で、とくに秋花は微妙な色合いが美しいフロリバンダ。

'レディエマハミルトン'
イングリッシュローズ。変化する花色とすばらしいフルーツ香をもつ。

'ミケリテ'

'プリンスチャールズ'

つる植物の女王
クレマチス

'マダムジュリアコレボン'

花色:🌸🌸🌸🌸🌼　日照:☀

キンポウゲ科　耐寒性落葉つる性木本　原産地:日本、中国など　つるの長さ:200cm〜　開花期:4〜10月

特徴:花径1〜20cm、4弁小輪から6弁大輪、八重咲きなど花形はさまざま。花色も豊富。強健な品種を選びます。
栽培:深植えすると地中からも芽が出て大株になります。剪定は「新枝咲き」「旧枝咲き」などで異なります。土の乾燥に注意。
※写真で紹介している品種は、いずれも四季咲き性の「新枝咲き」の系統。

新枝咲きクレマチスの剪定

花後、すぐに株ぎわから2〜3節のところで切り戻すと、年に2〜3回咲く。冬は地上部を剪定する。

'エミリア・プラター'

緑のカーテンをつくる花

日除けと収穫のダブル効果が魅力
ニガウリ
（ゴーヤ）

花色：🌼　実色：🟢🟢　日照：☀
ウリ科　非耐寒性一年草　原産地：熱帯アジア　つるの長さ：200cm〜　開花期：6〜10月　収穫期：7〜10月

特徴：強光を好み、西日の当たる戸外などでよく育ちます。未熟果を収穫。採り遅れて熟すと裂開します。
栽培：長さ80cmプランターで2株が目安。支柱を立て、ネットを張って誘引します。2〜3週間に1回、追肥します。

つるをからませ高く登る
アサガオ
（モーニンググローリー）

花色：🌸🌺🌼🌷　日照：☀
ヒルガオ科　非耐寒性一年草　原産地：汎熱帯
つるの長さ：200cm〜　開花期：7〜10月

特徴：緑のカーテンには夕方まで開花する曜白系や、強健なセイヨウアサガオ（写真）やシュッコンアサガオがおすすめです。
栽培：タネまきや苗の植えつけは5月。本葉5枚で摘心すると枝数がふえます。支柱を立てネットを張って誘引します。

純白の大輪花を夕暮れに開花
ヨルガオ
（ムーンフラワー）

花色：🌼　日照：☀
ヒルガオ科　非耐寒性一年草　原産地：汎熱帯
つるの長さ：500cm〜　開花期：8〜9月

特徴：旺盛につるを伸ばして、芳香のある花を暗くなるころ開花。アサガオと植えると朝も楽しめます。苗も流通。
栽培：日当たりと水はけのよい土を好みます。腐葉土と緩効性化成肥料を入れて苗を植え、ネットに誘引します。

紙風船のような果実が魅力
フウセンカズラ
（バルーンバイン）

花色：🌼　実色：🟢　日照：☀
ムクロジ科　非耐寒性一年草　原産地：北アメリカ
つるの長さ：300cm〜　実の観賞期：7〜10月

特徴：巻きひげをからませ、繁茂します。花は小さく目立ちませんが、黄緑色の風船のような果実を楽しみます。
栽培：タネまきや苗の植えつけは5月。ある程度伸びたら芽先を摘んでわき芽を伸ばし、枝数をふやします。

半日陰の宿根草

ダブル・ピンク
バイカラー

シングル・ピコティー

早春の庭に咲く貴婦人
クリスマスローズ
（ヘレボルス）

花色：🌸🌸🌸🌸🌸🌸🌸　日照：◐
キンポウゲ科　耐寒性常緑宿根草　原産地：ヨーロッパ
草丈：30～60cm　開花期：2～4月

特徴：ヘレボルス・オリエンタリスを元にした交配品種が多く流通。強健で、シックな色合いの花色と花形が豊富です。
栽培：夏の直射日光が当たらない半日陰に腐葉土を入れて植えます。晩秋の古葉取り、花後の花茎切りをします。

苗の庭への植えつけ

腐葉土や馬糞堆肥、緩効性化成肥料を適量すき込む。

高植えして排水性を考慮。

水はけが悪い場合は、土壌改良を行う。

根鉢をほぐすとよい。

ダブル・グリーン

Part 4 花のある庭をつくろう

庭や花壇の草花図鑑

半日陰のグラウンドカバープランツ
アジュガ
（セイヨウキランソウ）

花色：✿　葉色：🌿🌿🌿　日照：☀◐
シソ科　耐寒性常緑宿根草　原産地：地中海沿岸
草丈：10〜20㎝　開花期：4〜5月

特徴：緑葉、銅葉、斑入り葉が美しく、春の開花も楽しみです。地面を覆うように広がり、雑草防止になります。
栽培：夏に半日陰になる場所がベスト。水切れすると株が弱るので注意します。咲き終わった花茎は切り、追肥します。

ユニークな花形で、がくが花弁状
アクイレギア
（セイヨウオダマキ）

花色：✿✿✿✿✿　日照：◐
キンポウゲ科　耐寒性落葉宿根草　原産地：北半球温帯
草丈：10〜60㎝　開花期：5〜6月

特徴：交雑品種が多く流通。清楚な一重咲きと華やかな八重咲きがあり、花色は豊富で、2色咲きもあります。
栽培：暑さにやや弱いので、夏涼しい半日陰になる場所に植えます。花がら摘みをこまめに。耐寒性はあります。

ひっそりと咲き出し秋を告げる
シュウメイギク
（キブネギク）

花色：✿✿✿　日照：☀◐
キンポウゲ科　耐寒性常緑宿根草　原産地：中国
草丈：30〜100㎝　開花期：9〜11月

特徴：古くに渡来。花びらに見えるのががくで花弁は退化。花色は白〜赤の範囲ですが、一重と八重咲きがあります。
栽培：乾燥を嫌うので、夏の西日を避けた風通しのよい場所に植えます。大株になりすぎたら間引くか株分けをします。

初夏の花と美しい葉色が魅力
ギボウシ
（ホスタ）

花色：✿✿　葉色：🌿🌿🌿　日照：◐　リュウゼツラン科
（ユリ科）　耐寒性落葉宿根草　原産地：日本、中国、朝鮮半島　草丈：30〜100㎝　開花期：6〜7月

特徴：葉の形や大きさ、色はさまざまです。1株で直径1mの大型もあります。黄葉の系統は半日陰の庭を明るく彩ります。
栽培：夏の直射日光で葉が傷み、日陰すぎると葉色が悪くなるので植える場所に注意。天候に応じて水やりします。

冬も葉色が美しい半日陰の庭の花
ヒューケラ
（ツボサンゴ）

花色：✤✤✤✤✿ 葉色：🍃🍃🍃 日照：☀◐
ユキノシタ科　耐寒性常緑宿根草　原産地：北アメリカ
草丈：30～80cm　開花期：5～6月

特徴：品種は多く、葉の色や形はさまざま。地面を覆うように広がり、初夏に開花。寄せ植えにも向きます。
栽培：夏に半日陰になる場所に植えます。花後、蒸れを防ぐために花茎と古葉を切ります。2～3年ごとに株分けします。

清楚な純白の花は春の使者
シラユキゲシ
（スノーポピー）

花色：✿　日照：◐
ケシ科　耐寒性落葉宿根草　原産地：中国東部
草丈：20～30cm　開花期：4～5月

特徴：春、葉の展開とともに花茎を伸ばして数輪の花を開花。葉縁が波打つハート形の葉は晩秋まで茂ります。
栽培：半日陰とやや保湿性の土を好みます。暑さにも寒さにも強く強健で、地下茎を縦横に伸ばしてふえます。

半日陰の庭を明るくする葉と花
リシマキア・ヌンムラリア

花色：✤　葉色：🍃🍃　日照：☀◐
サクラソウ科　耐寒性常緑宿根草　原産地：ヨーロッパ
草丈：5cm　開花期：4～6月

特徴：葉を密につけた茎が地を這って広がり、茎の途中から根を出します。被覆スピードの速いグラウンドカバープランツ。
栽培：乾燥が苦手なので腐葉土をたっぷり入れて植えつけ、天候に応じて水やりをします。込み合った茎は切ります。

風に揺れる葉が涼しさを演出
フウチソウ
（キンウラハグサ）

花色：✿　葉色：🍃🍃　日照：◐
イネ科　耐寒性落葉宿根草　原産地：日本
草丈：20～40cm　開花期：8～9月　観賞期：4～11月

特徴：日本特産で、和の風情がありますが、洋風の庭にも合います。黄葉に緑の筋が入るものが一般的で、明るい雰囲気。
栽培：夏の直射日光と乾燥を嫌います。葉が込み合うときは間引いて整理を。冬に葉が枯れたら株元で切ります。

Part 5
園芸の基本のき

植物ともっと仲よくなるために、
植物のことをもっと知りたいと思います。
園芸の基本を知り、上手な育て方をマスターしましょう。

クレマチス'ミケリテ'

植物の基本

植物のしくみと基本的な働きを理解しましょう

草花を上手に育てるためには、植物のしくみや働きをよく知り、生育に適した環境を私たちが整えてやることが大切です。

花がら摘み

子房
ここをカット

花の構造

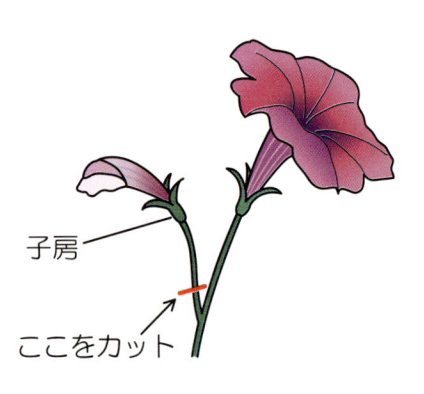

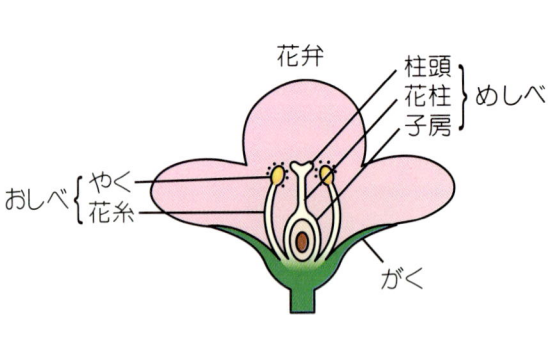

花弁
柱頭
花柱　めしべ
子房
おしべ｛やく／花糸
がく

植物のしくみ

植物のからだは、根、茎、葉、花の4つの器官からできています。各器官は自然がつくった精密な生産工場です。きれいな花を咲かせて子孫を残すために、働いています。

根は地下に根を張り、地上部を支え、根毛から水や養分を吸収しています。また、常に呼吸していることも覚えておいてください。

茎は葉を広げる支柱の役割をしています。茎の中には道管と師管があり、道管は根が吸収した水や養分の通り道、師管は葉でつくられた栄養分の通り道です。

葉は光合成をして生育に必要な栄養分をつくっています。また、水分を蒸散させ、体温調節をしています。

花は受粉して種子をつくり、子孫を残しています。

成長点は根と茎のそれぞれ先端にあり、根、茎、葉、花のもとをつくっています。

根毛は根の先端の成長点近くにある表皮細胞が糸状になって表面積を大きくし、水や養分を効率よく吸収しています。

各器官の働き

光合成とは、植物だけができる働きです。根が吸い上げた水と、葉の気孔から取り入れた二酸化炭素を原料に、葉の葉緑体（緑色に見える部分）で、太陽（光）のエネルギーを利用して糖類などの栄養分をつくり、気孔から酸素を出す作用です。太陽が当たっている昼間に行われます。ですから、植物には、水と空気（風）、太陽が必要不可欠なのです。

呼吸とは、酸素を取り入れて、植物自身が合成した栄養分を燃焼させ、生育に必要なエネルギーを得て、二酸化炭素を出す作用です。根、茎、葉、花の全器官で、昼夜一日じゅう行われています。一日を通すと、呼吸で使う酸素より、光合成で出す酸素の量がはるかに多く、また呼吸で出す二酸化炭素の量より、光合成で使う二酸化炭素の量のほうがはるかに多いので、植物を育てることは、地球温暖化防止に効果があるのです。

蒸散とは、根が吸い上げた水を葉の気孔から蒸発させることです。気温の高いときは活発に蒸散が行われ、植物の温度を一定に保つ

植物のしくみ

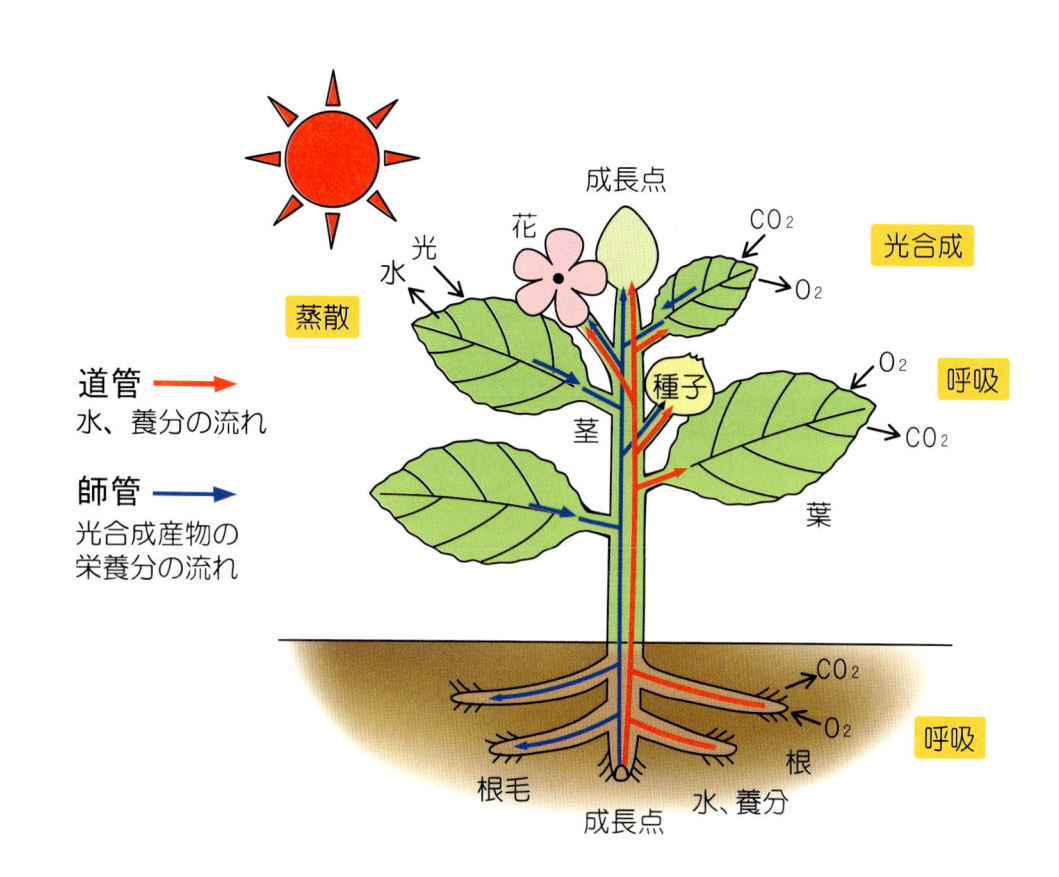

Part 5 園芸の基本のき
植物の基本

図中ラベル：
- 成長点
- 花
- 光
- 水
- CO₂
- O₂
- 光合成
- 蒸散
- 道管 → 水、養分の流れ
- 師管 → 光合成産物の栄養分の流れ
- 茎
- 種子
- O₂
- CO₂
- 呼吸
- 葉
- CO₂
- O₂
- 呼吸
- 根毛
- 根
- 水、養分
- 成長点

ています。もし土が乾いて根が十分に吸水できない場合、葉は気孔を閉じて水の消耗を防ぎます。このために蒸散量が少なくなり、体温が上昇。長時間続くと枯れてしまいます。水の役割は大きく、水やりは植物を育てる基本といわれています。

花の構造と花がら摘み

外側から順に、がく、花弁、おしべ、めしべからなります。おしべのやくの中に花粉がつくられ、熟すと花粉を出します。花粉がめしべの柱頭につくことを受粉といいますが、花粉を運搬するのを昆虫に託している花がたくさんあります（虫媒花という）。いろいろな形の花があるのは、花弁を大きく目立たせたり、かたまりになって咲いたり、蜜や香りを出して虫を誘う工夫をしているからです。

なお、受粉後、柱頭で花粉が発芽して、精核がめしべの子房の中の卵細胞と合体することを受精といいます。受精すると種子をつくるのに栄養分がとられて、次の花が咲きにくくなります。

花がら摘みとは、咲き終わった花を摘み取ること。そのままにしておくと見苦しいだけでなく、次の花を咲かせるためにも、種子をつくる子房の部分も摘み取る必要があります。

111

植物の基本

原産地と園芸的分類から育て方がわかります

植物のことをよく知るためには、名前を覚えること。原産地を知ること。そして園芸的分類を確かめることが大切です。

原産地の気候型とおもな植物

気候型	気候の特徴	原産地とおもな植物
地中海型	夏は20〜25℃、雨が少なく乾燥する。冬は7〜8℃と温暖で雨がやや多い。暑さに強く、寒さにもかなり耐える草花が多い。	[地中海沿岸] アネモネ、キンギョソウ、クロッカス、シクラメン、スイセン [南アフリカ西部] グラジオラス、イキシア、ディモルホセカ、フリージア [オーストラリア南西部] ボロニア、ローダンセ、ブラキカム
大陸西岸型	夏涼しく、冬も寒さは厳しくない。雨は年間を通して少ない。夏の冷涼・乾燥を好む植物が多い。	[ヨーロッパ] ワスレナグサ、デルフィニウム、パンジー、クリスマスローズ、カラミンサ、セラスチウム [北アメリカ西北部] レウイシア、シダルセア
大陸東岸型	冬は低温乾燥、夏は高温多湿。四季の変化が大きい。	[日本] アヤメ、キキョウ、ミヤコワスレ、ハナショウブ、ユリ [中国東部] キク、シャクヤク、ジンチョウゲ、ケマンソウ [北アメリカ東部] モナルダ、ヒマワリ、リアトリス、ヘレニウム [南アフリカ東部] ガーベラ、トリトマ、カラー
熱帯高地型	年間を通して14〜17℃と温暖で、雨は年中雨地域と夏だけ多い地域がある。	[中南米] アルストロメリア、ダリア、ナスタチウム、ペチュニア、フクシア [中国西南部] セキチク、プリムラ類
熱帯型	年間を通して高温。雨は年中多雨地域と乾季と雨季のある地域がある。	[熱帯アジア、熱帯アフリカ] ホウセンカ、ケイトウ、ツンベルギア、クロトン [熱帯アメリカ] カンナ、コスモス、オシロイバナ、ジニア、マリーゴールド

原産地の気候と植物の性質

私たちが育てている植物の多くは、世界のさまざまな気候のもとで自生していた野生植物を集めてきて、育てやすいように改良されたものです。でも植物の基本的な性質は、原産地の気候などによって決まっています。

世界の温帯から熱帯の気候型は、砂漠を除いて上の表の5つのタイプに分類されます。赤道近辺の熱帯の気候は、年間を通して高温です。ですから熱帯原産の植物の多くは、生育適温は15〜30℃、8〜10℃以下の気温では生育できません。

温帯原産の植物は、基本的には生育適温は10〜25℃、5℃以下や30℃以上になると生育は衰え、枯死することもあります。

はじめて育てる植物でも原産地がわかると、その気候から、基本的な育て方がわかります。そして原産地の気候と、実際に私たちがくらしている地域の気候を比べ、温度や日照、水などの条件を原産地の気候に近づける工夫をすることが大切です。

112

Part 5 園芸の基本のき

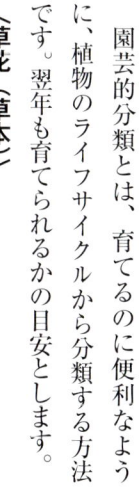

植物の基本

植物のおもな分類とライフサイクル

植物の分類＼月	1	2	3	4	5	6	7	8	9	10	11	12
秋まき一年草	生育	生育		開花	結実	枯死		（種子）休眠		発芽		
春まき一年草		（種子）		発芽	生育	生育		開花	結実	枯死		
宿根草（秋咲き）		（根株）		発芽	生育				開花	休眠（地上部枯死）		
秋植え球根			生育	開花	休眠（地上部枯死）		球根			発芽		
花木①タイプ	休眠（落葉）			開花		枝葉生育			花芽分化			
花木②タイプ	休眠（落葉）			枝葉生育			花芽分化		開花			

植物の園芸的分類と育て方

園芸的分類とは、育てるのに便利なように、植物のライフサイクルから分類する方法です。翌年も育てられるかの目安とします。

《草花（草本）》

一年草：タネから発芽して生育、開花、結実、枯死のサイクルが1年以内の植物です。春か秋にタネをまいて育てますが、ポット苗が大量に出回っています。花が咲き終わったら枯死しますが、採種することもできます。

多年草：生育サイクルが2年以上。発芽から開花まで1年以内〜数年と、さまざまです。

宿根草：タネまたは苗で育てはじめると、長年にわたって生育し、毎年同じ時期に開花してくれます。冬は地上部を枯らすものとそのものがあります。原産地によって耐寒性の有無はさまざまです。冬越しや夏越しできず一年草扱いされるものもあります。

球根：球根を植えると生育、開花し、球根を肥大させて地上部を枯らし、休眠します。庭に植えたままで毎年咲くもの、掘り上げる必要のあるものもあります。

《樹木（木本）》

長年にわたって生育し、茎が太くなって幹や枝になる植物。花が咲く樹木を花木といいますが、開花のタイプはさまざまです。

置き場所の基本

草花の育ち方は日照条件で異なります

植物を育てるときに、一番気をつけなければならないのは、置き場所や植えつける場所です。植物によって好む条件は異なります。

明るさの変化
屋外 100%
透明なガラス
屋内 約70%

冬の明るさの目安
2万～5万ルクス ／ 1万～2万ルクス

夏の明るさの目安
8万～10万ルクス ／ 2万～5万ルクス

植物によって好みの日照条件は異なる

光合成をして自ら栄養分をつくりだしている植物には、太陽（光）が必要不可欠です。とくに重要なのは明るさと日照時間ですが、植物によって好みの日照条件は異なります。

たとえば63ページの図鑑ページを見てみましょう。ニチニチソウのように、日なたマークがついている植物は日なたを好みます。日陰で育てると、茎ばかりが伸びて花が咲かなくなります。一日4時間以上、直射日光が当たる場所で育てましょう。

クリスマスローズ（106ページ）など、半日陰マークの植物は、一日2～4時間日が当たる半日陰を好みます。真夏の直射日光が一日じゅう当たるような場所に植えると、「日焼け」をおこして葉色が悪くなります。庭に植える場合や、鉢植えのものを戸外で育てる場合は、その場所の明るさと日照時間を確かめ、植物が好む場所を選びます。

夏の強い日差しに注意

明るさはルクスという単位で測りますが、日なたを好む植物は4万～5万ルクスの明るさが適しているといわれています。

一方、真夏の晴天の日の明るさは8万～10万ルクス、曇りの日でも2万～5万ルクスもありますから、日なたを好む植物でも、晴れた日の太陽はまぶしすぎるようです。

そのうえ、真夏の直射日光が長時間当たる場所は気温が上がります。マリーゴールドやトレニアなどの日なたを好む植物でも、暑さ負けするものがあります。とくに鉢植えの場合は鉢内の地温が上がり、根が傷みます。木陰や風通しのよい軒下に移動してやりましょう。

日差しが強い場所には、熱帯原産のクフェアやポーチュラカ、ニチニチソウなどを育てましょう。夏の間、元気に咲いてくれます。

室内も日照条件に合わせて

冬の鉢花で日なたを好む植物の望ましい明るさは1万～2万ルクスです。戸外の晴天の日の明るさは2万～5万ルクス、曇りの日は1万～2万ルクス。でも窓のガラスを通すと、明るさは約70％になってしまいますから、晴天の日でも1.4万～3.5万ルク

Part 5 園芸の基本のき

置き場所の基本

夏の室内で咲く草花

半日陰を好むニューギニアインパチェンスは室内の東向きの窓辺で。

日なたを好む草花

サンサンと光が降り注ぐ太陽の下で元気に咲くニチニチソウ。

半日陰を好む草花

一日2〜4時間日が当たる半日陰で育てたいクリスマスローズ。

> **はじめての花づくりの常識**
>
> **日差しの入らないところに鉢花を飾りたい**
> 鉢花を3鉢用意してローテーションを組み、日当たりの悪いところに3日飾ったら、次の6日は日当たりのよい場所に移動することを順に繰り返しましょう。あるいは日中留守がちの方は、昼間は日なたに置き、夜だけ室内に飾るという方法をとるとよいでしょう。

日なたを好む草花は、できるだけ日当たりのよい窓辺に置きます。蕾のうちに日照不足になると花が咲かずに蕾が落ちてしまうこともあります。暖かい日には窓を開けたり戸外へ出したりして、直射日光にも当てるようにします。

エラチオールベゴニアなど、半日陰を好む鉢花は、レースのカーテン越しの光が当たる場所や、窓辺から少し離れた明るい場所が適した置き場所です。

夏は太陽が高くなって、南向きの窓辺でも室内にはほとんど日が入りません。直射日光の下で元気に咲く夏の鉢花の多くは、室内には向いていません。

西日が当たる窓辺は強い日差しが入ります。でも、気温が上がりすぎて、鉢花を育てるのは不向きです。

ニューギニアインパチェンスなど、半日陰を好む夏の鉢花を東向きの窓辺などで育てましょう。スパティフィラムやアナナスなどの花の咲く観葉植物も室内で楽しめます。

なお、植物は日光が当たる方向に茎が伸びて葉が茂り、花が咲く性質があります。窓辺など、一定方向から光が当たる場所では、1週間に1回、鉢を回すなどして、まんべんなく光が当たるようにすると、バランスよく成長してくれます。

置き場所の基本

ベランダはアウトドアリビング。植物とともにくらします

ベランダの環境を確かめ、快適な環境になるように防風、防寒などの対策を立て、それに合わせて花を選びます。

手すりの構造によるベランダの環境

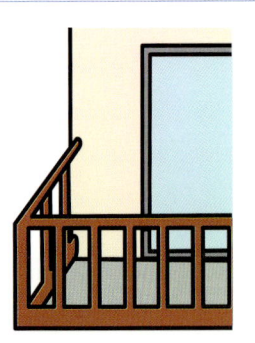

手すりが柵状の開放型ベランダ
日当たりも風通しもよく、植物を育てるのに適している。

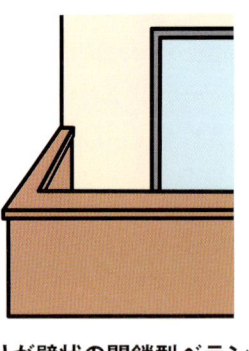

手すりが壁状の閉鎖型ベランダ
壁が日陰をつくってしまうので、高い位置で植物を育てるとよい。

はじめての花づくりの常識

風はないほうがいいの？
強い風は困りますが、風がまったくないというのも空気が動かず光合成ができなくなります。必要なのは、私たちにとっても心地よい程度の風。植物は新鮮な空気が送り込まれると、光合成や呼吸が活発になり、蒸散が促進されて体温調節ができるので、生育にプラスになります。

日の当たる場所にベンチを置き、花と人との憩いの場にしたい。

ベランダの環境を分析する

集合住宅に見られるベランダは、階上のベランダがひさしになっているタイプ。雨も降り込まず、夜露や霜もおりません。手すりが柵状の開放型で南向きなら、冬は日差しが奥まで入って暖かく、夏は日除けになってくれますから、植物を育てるのに適しています。

南向きでも壁状の閉鎖型の構造では、壁が日陰をつくってしまいます。花台や棚を置き、光を確保できる場所で植物を育てます。

緑のカーテンで日除けを

日除けが必要なのは、西向きや西側が大きく開いた南向きの、西日が当たるベランダです。夏の西日が長時間当たると高温乾燥の状態となり、植物にとっては過酷な環境です。すだれなどを下げ、手すりに寒冷紗などの遮光材をつけるなどの対策を立てます。

ネットを張り、アサガオやニガウリ、ヘチマ、フウセンカズラなど、つる性の植物を育てて、緑のカーテンをつくりましょう。見た目にも涼しく、コンクリート面からの照り返

116

Part 5 園芸の基本のき｜置き場所の基本

緑のカーテン

つる植物のセイヨウアサガオ（写真右）やニガウリ（写真左）は緑のカーテンに最適。プランターに苗を植え、支柱を立ててネットをしっかり張り、つるをからませる。

ベランダガーデニングのマナー

①管理規約を確かめる：集合住宅では、ベランダは共有部分。外観を変えてはいけないなどの管理規約があり、大型のトレリスは設置できない場合がある。

②隣家、または階下の避難通路を確保する。

③物干し場など、ベランダ本来の機能を確保する。

④植え替え、水やり、花がら摘みなどの際、隣家や階下の人に迷惑をかけないようにする。

⑤排水管に土を流さない：鉢はウォータースペースを多めにとる。

⑥安全性を確保する：手すりの上や外側にコンテナやハンギングバスケットを置かない、掛けない、吊るさない。棚や鉢に子どもが登って転落事故につながらないよう配慮する。

⑦強風時、ものが飛ばないよう注意する。

風除けの工夫

一般的に高層階にいくほど風当たりが強くなりますが、低層階でも建物の角のベランダなどは要注意です。

風が強く当たると花や葉は傷つき、蒸散作用が激しくなりすぎます。とくに冬の寒風が吹き込むと、植物の体温を奪い、乾燥させ、植物を傷めます。

手すりにアクリル板を設置する、防風ネットを張るなどの対策を立てます。そして冬、寒波がくる恐れがあるときは、鉢を集めて不織布などで全体を覆って防寒します。

花選びのコツ

雨が当たらないので、長雨や多湿を嫌うゼラニウム、ペチュニアなどがよく育ちます。

南関東以西の温暖な地域では、冬は霜がおりないので、南向きのベランダの陽だまりで、プリムラ・ポリアンサやエリカなどの冬の鉢花が室内で咲かせるより長く咲き続けます。

風当たりが避けられないベランダは、乾燥や潮風に強いラベンダーやカランコエ、ローズマリーなどを選びます。

環境の基本

季節の変化に伴って草花の生育状況は変化します

季節の変化に応じて生育する草花たちのくらしのリズム。無理をせず、リズムに合わせて育てることが大切です。

季節の変化に伴う気温の推移

東京

（日最高気温／日平均気温／日最低気温）

季節の変化と植物の生育

季節の変化に伴い気温が推移し、植物の生育状況は変化しますから、それに合わせて育てています。南北に長い日本列島ですから、季節の訪れは地域によって日付が異なりますが、花の咲く時期によって季節の推移を知ることができます。

●**早春** 最低気温が5℃を超えると、土の中の根が活動を開始。霜がおりなくなる（平年の終霜 東京2月26日）と戸外のガーデニングシーズンがはじまります。

●**春** サクラが咲く（平年の開花日 東京3月28日）と、平均気温が10℃を超えます。多くの植物の生育適温は平均気温10～25℃ですから、植物は活動期に入り、芽吹き、生育します。春まき一年草のタネまき適期です。

●**初夏** フジが咲く（東京4月23日）と、平均気温は15～18℃。熱帯原産の植物も戸外で育てられます。夏の花や野菜の植えつけができます。

●**梅雨** アジサイが開花（東京6月6日）し、梅雨に入ります。冬～春咲きの一年草は

タネを残して枯れます。春に咲いた球根は地上部を枯らし、休眠します。でも多くの植物は勢いよく成長する時期です。乾燥地原産の植物は蒸れや雨に弱いものが多いので、軒下などに移動します。

●**夏** サルスベリが開花（東京7月16日）して梅雨が明け、本格的な夏が訪れます。日本の夏は亜熱帯並み。強烈な太陽が照りつけます。熱帯原産の植物は元気ですが、温帯原産の植物は30℃を超えると暑さのために生育が鈍りますから、夏越しの対策を立てます。

●**秋** ヒガンバナが開花（東京9月20日）すると秋です。再び生育に適した温度となります。秋まき一年草のタネまき適期。しかし昼間の時間が短くなり、気温がどんどん下がっていきますから、遅れないようにします。

●**晩秋** 10℃以下になると、植物は休眠の準備をはじめます。落葉樹は7℃以下になると紅葉（イチョウの黄葉 東京11月19日）し、葉を落として休眠。宿根草は常緑のものもありますが、多くは地上部を枯らし、根株で越冬します。夏～秋咲きの一年草は枯れます。冬～春咲きの花苗の植えつけシーズンです。

Part 5 園芸の基本のき ― 環境の基本

夏越しの方法

風通しがよく、日の当たらない軒下などでできるだけ涼しくする。

冬越しの方法

寒波の予報が出たら、不織布で花壇や畑全体を覆い、霜除けをする。不織布は保温力があり、軽いので直接かけても植物を傷めない。

亜熱帯〜温帯原産／熱帯原産

熱帯原産のものは室内に、亜熱帯〜温帯原産のものは霜を避けられる軒下などで越冬できる。

はじめての花づくりの常識

霜って何？

霜は晴天で無風の夜、気温が5℃以下になると、地面近くの温度が0℃以下になり、空気中の水蒸気が地表や葉に触れて凍る現象です。霜が直接植物を冷やして活動が低下するほか、植物の細胞の中の水分が凍って養分などが滞り、枯れてしまうことがあります。

植物の夏越しと冬越し

植物の生育適温は10〜25℃。春と秋は植物は旺盛に生育します。でも30℃以上になる夏と10℃以下になる冬をいかに過ごすか。植物によって耐寒性や耐暑性は異なりますが、私たちが保護しなければ枯れてしまうものもあります。

●冬　気温はさらに下がり、光も弱くなり、最低気温が5℃以下になると植物は休眠します。そして霜がおり（初霜　東京12月14日）、戸外のガーデニングシーズンは終わります。なお、春に咲く宿根草や球根、花木の多くは一定期間冬の低温にあって休眠から目覚め、春に正常に開花することができます。

春咲きの球根を植えつけると秋の低温で根の活動を開始します。

植物の性質を理解し、できるだけ過ごしやすい環境をつくってやりましょう。

●夏越しのコツ

涼しい環境をつくることがポイントです。風通しのよい木陰や日の当たらない軒下などに鉢を移動します。台や棚の上などに置いてコンクリートや地面などの床面から離すと風通しがよくなります。素焼き鉢は断熱性があり、鉢の側面から水分が蒸発するので、鉢内の温度上昇を抑えることができます。

夕方、葉に水をたっぷりかけると植物体の温度が下がります。鉢の周囲に水をまくと、気化熱により周囲の気温が下がります。

●冬越しのコツ

植物の耐寒温度と耐霜性によって、置き場所を決めます。熱帯原産の植物の多くは耐寒温度8〜10℃ですから、晩秋、室内に入れます。南関東以西の地域では、亜熱帯〜温帯原産の霜に弱い草花は軒下などに移動します。

温帯原産の植物は耐寒性があり、霜に強いものもあります。でも霜柱が立って、地表の土がもち上がって根が露出し、乾燥で枯れてしまいます。見つけ次第、株元を軽く押さえて戻しておきます。そして株の周囲を腐葉土やピートモスなどで3〜5cmの厚みで覆うと霜柱が立ったり、土が凍結したりするのを防いでくれます。

土の基本

よい土づくりが大切。植物が喜ぶ土で育てます

植物が喜ぶよい土とは、根が強く張れて活発に活動できる土。水や養分をたっぷり含み、排水性と通気性がよい土です。

花壇の土を団粒構造の土にする

1㎡当たり腐葉土や堆肥を合わせて8ℓ入れてよく耕す。

団粒構造

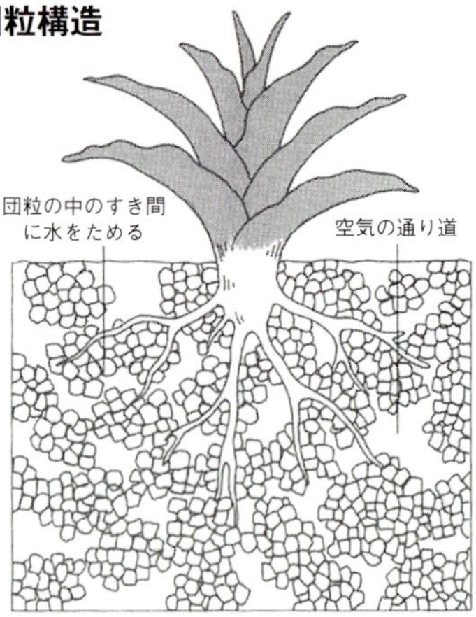

団粒の中のすき間に水をためる　空気の通り道

鉢植え用培養土のつくり方

1 赤玉土（基本の用土）6と腐葉土（土壌改良材）4の割合。

2 さらに緩効性化成肥料2〜3g/ℓを入れる。

3 よく混ぜて使う。

団粒構造の土がよい土

根は呼吸していますから、通気性や排水性が悪くて過湿になったりすると、酸素不足で根腐れをおこします。土の中にも常に新鮮な空気が必要です。そのうえ、保水性と保肥性がよいことも大切です。このようなよい土は団粒構造をしています。

土の粒と粒が団子状にくっついた大きな粒を団粒、団粒が集まった土を団粒構造の土といいます。団粒と団粒のすき間は大きいので、水と空気をよく通します。団粒の中のすき間は小さいので水をたくわえます。ですから、団粒構造の土は、排水性と保水性、通気性のあるよい土です。触ってみるとふかふかして、やや湿り気があり、ぬくもりのある、心地よい土です。

団粒構造の土にするには

花壇などの土は、堆肥や腐葉土、ピートモスなどの土壌改良材（有機物）をたっぷり入れて、よく耕します。よく耕すと土のかたまりがほぐれ、通気性

120

市販の用土と土壌改良材

土壌改良材
(花壇や基本の用土を改良するための用土)

腐葉土（有機物）
落ち葉を発酵熟成させたもので、通気性、排水性、保水性をよくする。完熟品を選ぶ。

ピートモス（有機物）
湿原のコケ類が腐植化したもの。通気性、保水性、保肥性を改良する。無菌である。

珪酸塩白土（無機物）
珪酸塩鉱物の1種。根腐れ防止、酸度調節、発根促進に効果があり、連作障害を防止。

堆肥（有機物）
牛糞、馬糞、樹皮、わらなどを発酵熟成させたもの。土の団粒構造化を促進する。

バーミキュライト（無機物）
蛭石（ひるいし）の焼成物で金色をしている。通気性、排水性、保水性を改善。

炭（有機物）
木炭、竹炭、籾殻を炭化したくん炭など。排水性、通気性をよくし、連作障害を防止。

パーライト（無機物）
真珠岩を高温焼成してつくる軽い粒状土。通気性、排水性、保水性をよくする。

基本の用土
(鉢植えやコンテナに使う用土)

赤玉土（左・小粒、右・中粒）
赤土をふるい分けた粒状の土で、排水性、保水性、通気性、保肥性がよい。

鹿沼土
軽石質の粒状の土で、保水性、通気性がよい。酸性土を好むツツジ科の植物に向く。

軽石
火山からの噴出物で、排水性、保水性、通気性がよい。鉢底石として使われる。

黒土
関東地方に見られる一般的な土で、保水性はあるが、排水性と通気性がやや劣る。

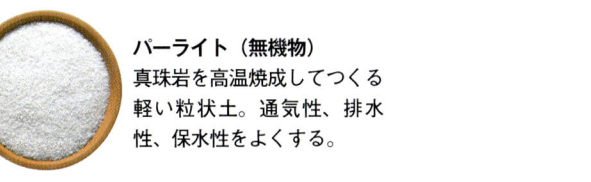

ミズゴケ
湿原に生えるミズゴケを乾燥させたもので、保水性と通気性がよい。シダ類などに使う。

土の酸度調節も大切

植物の多くは土の酸度が偏っていると養分（肥料分）をうまく吸収できません。多くの植物がよく育つのは、pH5・5～6・5の弱酸性の土です。日本の土は雨が多くカルシウム分が流出しやすいのでpH5・0～5・5になりがちです。1～2年に1回を目安に苦土石灰などを散布して酸度調節をします（84ページ参照）。

鉢植えの土

鉢の中に庭や花壇の土をそのまま入れてもよく育ちません。限られた量の土で植物を育てなければならないので、とくによい土が必要です。市販の草花用培養土は「基本の用土」と何種類かの「土壌改良材」がブレンドされています。

自分でブレンドする場合は「基本の用土」の赤玉土と「土壌改良材」の腐葉土などを混合します。

有機物は土の中にすき間をたくさんつくり、ミミズに食べられ、土の中の微生物によって分解されて腐植質になり、のりのような働きをして土の粒と粒をくっつけて団粒にしてくれます。また、有機物は保肥性も高めてくれます。

肥料の基本

肥料は必要なときに必要な量だけ与えます

植えつけるときに与えるのが元肥、生育の途中で不足してきたら与えるのが追肥。長く花を咲かせるには追肥が必要です。

おもな養分の働き

リン酸（P）
花肥、実肥とも呼ばれ、根や茎の成長点に送られ、からだをつくり、開花や結実を促す。不足すると、花や実のつきが悪くなる。過剰の害は出にくい。

窒素（N）
葉肥とも呼ばれ、たんぱく質や葉緑素の主成分で、茎や葉をつくるのに使われる。不足すると、葉色が下葉から黄変する。過剰だと、葉ばかり茂って病気にかかりやすくなり、花も咲かなくなる。

カリウム（K）
根肥とも呼ばれ、根の発育を促進し、茎や葉を丈夫にする。不足すると、根の生育が悪くなる。過剰だと、リン酸やカルシウム、マグネシウムが吸収できなくなる。

数字はN−P−Kの成分比率で、100g中に、N＝12g、P＝12g、K＝12gが含まれていることを表す。

生育に必要な成分

植物は光合成で自ら栄養分をつくることができますが、生育のためには、さらに養分が必要です。養分の多くは、土の中の水に溶けて、根から吸収されて使われます。

なかでも、窒素（N）、リン酸（P）、カリウム（K）は必要量が多く、土の中の養分だけでは不足します。肥料の三大要素と呼ばれ、必要に応じて肥料として施します。カルシウム（Ca）、マグネシウム（Mg）、イオウ（S）、亜鉛（Zn）、鉄（Fe）、アルミニウム（Al）、ホウ素（B）なども微量ですが必要です。でもこれらは、腐葉土や堆肥を土に混ぜる程度で十分にまかなえます。

肥料の種類

化学的に合成された肥料成分をバランスよく混ぜた化成肥料と、動物や植物を原料とした有機質肥料があります。また、肥料の効き方によって、緩効性（肥効期間が長い）、速効性（肥効期間が短い）、遅効性（効果がでるまで時間がかかる）に分類されます。形状

Part 5 園芸の基本のき
肥料の基本

肥料の種類

活力剤
私たちが飲むビタミン剤のような働きをする。肥料との併用が必要。

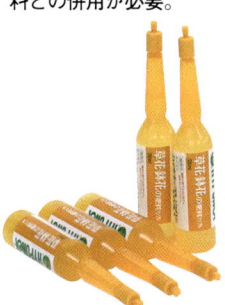

アンプル型：鉢土に差し込んで使う。元気がないときに与えると根の活力が増し、葉色がよくなる効果がある。

有機質肥料
動物や植物を原料にした肥料。微量要素を含むが特有の臭いがある。

発酵油粕：油粕に骨粉などを加えて発酵させたもの。粉状、固形などがある。速効性で元肥、追肥に向く。

発酵油粕濃縮液体肥料：発酵油粕濃縮液体肥料は薄めて使うタイプで、速効性。

化成肥料
化学的に合成された肥料で、無臭なので室内やベランダにも向いている。

緩効性化成肥料
与えるとすぐに効果があり、肥効期間が長い。

マグァンプK：草花の元肥や追肥に向く。

マイガーデン：草花の元肥や追肥に向く。

速効性化成肥料
与えるとすぐに効果があるが、肥効期間は短い。

化成肥料：粒状が多い。野菜の元肥、追肥に向く。

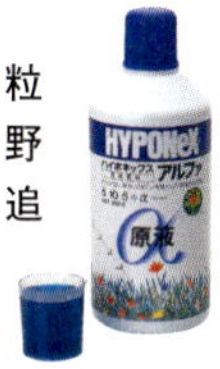

液肥：肥効期間は10〜14日。説明書をよく読み、希釈倍数を守る。

はじめての花づくりの常識

1000倍の液肥ってどうやってつくるの？

原液1ccを水1ℓで溶かすと1000倍液になります。①1ℓ入りのペットボトルを用意。目盛りつきのキャップで1ccを量ります。②ペットボトルに原液を入れます。③ペットボトルに水を満杯になるまで入れ、よく混ぜます。

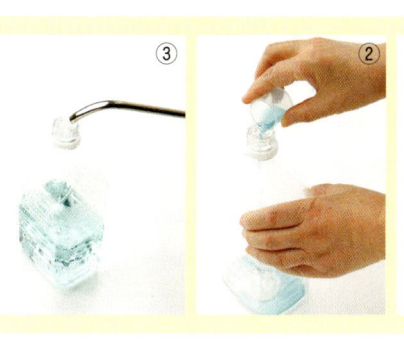

肥料の効果的な与え方

元肥は生育期間中効果が長く持続するように、緩効性のものを使います。N-P-Kの成分比率が同じものや、Pが多い肥料を、土に混ぜたり、株元に置いたりして使います。

追肥は生育旺盛なもの、開花期間の長いものに効果的です。一年草で育苗中のもの、葉物野菜などにはNの成分比率が多い肥料を、開花中のものにはPの多いものを必要に応じて与えます。液肥は2週間に1回、規定倍数で希釈して、水やりの代わりに与えます。

一度に使う量や肥効期間、施し方は肥料によって異なります。説明書をよく読み、使い方を守ります。量や濃度を多くしても、効果はなく、かえって根に悪影響を与えます。

鉢植えの植物の生育が悪いのは肥料不足と思って追肥することは禁物です。生育不良の原因は、水のやりすぎや水不足、根詰まりなどの場合が多いからです。原因をよく確かめて改善し、元気になったら追肥します。

は固形、粒状、粉末、液体などがあります。油粕や骨粉、鶏糞などの有機質肥料は、土中で発酵されてから植物が利用できる遅効性肥料です。発酵の途中で臭いがでるので、室内やベランダ、小さな庭には不向きです。化成肥料のほうが手軽で使いやすいでしょう。

失敗しない水の与え方をマスターしましょう

水やりの基本

植物の命を支える水。
多すぎても少なすぎても
植物はうまく育ってくれません。

「鉢土が乾いた」状態を見極める

鉢土の色
土の表面の色を見て判断する。乾いている（写真右）、ぬれている（写真左）ときの土の色を覚えておくとよい。また、指で触って確かめるのもよい。

鉢を持ち上げる
ぬれているときの鉢を持ち上げてみて、その重さを覚えておくと、水やりのタイミングの目安になる。

はじめての花づくりの常識

留守にするときの水やりはどうしたらいいの？
ペットボトルで使えるキャップなどを利用しましょう。ペットボトルを逆さにして鉢土に差し込んでおくと、麻ひもを通して徐々に水がしみだして水やりしてくれます。キャップの締め具合で水の量が加減できますから、事前に効果を確かめておくとよいでしょう。

水の働き

植物は水がなくては生きていけません。なにしろ植物の全重量の80〜90％は水です。根から吸い上げられて光合成の原料となり、光合成でつくられた栄養分も水に溶かして移動します。土の中の養分を溶かして、根が利用できる形にするのも水です。また、葉の裏側に多くある気孔から水を蒸散させて、植物体の体温を調節しています。

鉢植えの水やり

水やりを忘れて鉢土が乾燥すると、葉や茎がしおれます。早いうちなら回復しますが、ひどくなると根が乾燥して枯れてしまいます。逆に水やりしすぎていつも鉢土が湿っていると、根は呼吸できずに、根腐れをおこして枯れてしまいます。水やりは、土の中にたまった古い空気を追い出し、新しい空気に入れ替える役目もしています。

基本をマスターする

「鉢土の表面が乾いたら、鉢底穴から水が流れ出るまでたっぷり与える」という水やりの

124

Part 5 園芸の基本のき

水やりの基本

基本をしっかりマスターしましょう。

鉢土が乾くスピードは、鉢の大きさや材質、置き場所、天候や季節、植物の生育状況などで異なります。鉢土が乾いているかどうかは、鉢土の色を見て、実際に指で触ってみて、確かめます。手で持ち上げられる鉢は、手で持ったときの重さで判断することもできます。

水の量は「たっぷり」です。鉢土全体にまんべんなく水が行き渡るように、鉢土に直接、大きな鉢は1ヵ所からでなく、鉢の表面全体に与えるようにします。注ぎ口の細い水差しや、目の細かいハス口のついたジョウロやホースなどで、土の表面を掘らない程度の水圧で、やさしく与えます。

植えつけのときに、ウォータースペースをしっかりとります。ウォータースペースがないと、与えた水が全体に回りにくく、水や土が鉢の上縁から流れ出てしまいます。

花がぬれると花弁にしみのような汚れができたり、病気の原因にもなるので、注意しましょう。ベランダや軒下など、夜露のおりないところで育てている場合は、時々葉にも水やりします。葉の裏側にかけるとハダニの予防になります。

冬の水やり

冬は、植物はほとんど生育しませんから吸水量も少ないので、水やりは控えめにします。といっても、1回に与える水の量は同じ。鉢土が乾くのが遅くなるので、水やりの間隔があきます。冬の夕方の水やりは鉢内に残った水が凍る恐れがあります。気温が上昇する昼近くに水やりします。

夏の水やり

鉢土が乾きやすいので、水やりの回数が増えます。日差しが強くてよく乾くようなら、時間を構わず与えます。ただし、熱くなった体温を冷やすつもりで、時間をかけてたっぷり与えます。中途半端に与えると葉が蒸れて逆効果です。

夕方、葉にも水やりし、鉢や鉢土にも散水してやると、打ち水効果で涼しくなります。

花壇の水やり

基本的には水やりは不要です。ただし、苗を植えつけてからしばらくの間と、晴天が続いて植物がしおれるようなら水やりする昼近くに水やりします。

真夏は暑い日中は避けて、涼しい朝夕の時間帯に、花壇の土に直接水やりします。土の中まで水がしみわたるように弱い水圧で、ゆっくりと時間をかけて行います。また夏の夕方、株の上から散水して葉にも水をかけてやると、暑さでぐったりした植物の温度を下げて元気にします。

冬は、開花を続けている一年草や地下部は根を出している球根などに、天候に応じて水やりします。

花壇の夏の水やり

午前中、直接土にたっぷりと。

夕方、葉に水をかけ、温度を下げる。

🌱 はじめての花づくりの常識

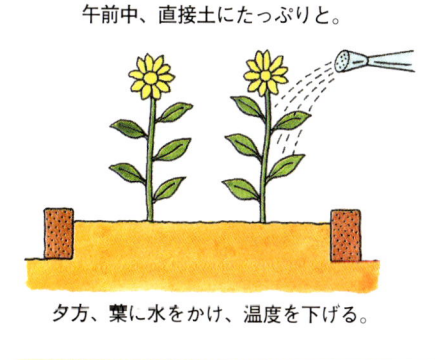

根腐れって？
鉢土が常に湿った状態だと根の周りに新鮮な空気が供給されず、根が呼吸できずに窒息状態になります。根は次第に茶色に変色し、腐っていきます。初心者が植物を枯らす原因の多くは、水のやりすぎによる根腐れです。水やりの基本をマスターしましょう。

草花のおもな病害虫とその対処法です

病害虫対策の基本

病害虫の発生は大事な花の大敵です。水やりのたびにチェックして、見つけ次第、駆除することが大切です。

病気

うどんこ病
特徴：5〜6月と10月にほとんどの植物に多発。葉がうどん粉をまぶしたように白くなり、草花はひどくなると落葉して枯れる。
予防：密植を避け、込み合った枝を透かし剪定して、日当たりと風通しを確保。
駆除：発生初期に発生部位を除去する。サプロール、ベンレートなど。ハンドスプレータイプの汎用殺虫殺菌剤がある。

灰色かび病
特徴：春〜梅雨、秋の長雨の時期、冬の室内などで多発。花弁に斑点ができ、次第に腐敗し、株全体が灰色のカビで覆われる。
予防：花がら摘み、枯れ葉取りをこまめにし、清潔を保つ。花に水をかけないようにする。風通しをよくする。
駆除：発生初期に発生部位を除去する。トップジンMなどを散布する。

ウイルス病
特徴：葉や花に濃淡のモザイク模様が現れる。また、新しい葉が奇形になったりする。アブラムシが媒介して伝染する。
予防：アブラムシ駆除を心がける。
駆除：効果のある薬剤はない。感染した株は抜き取る。

ハンドスプレー剤

オルトラン粒剤

早期発見、徹底駆除

季節ごとにさまざまな病気や害虫が発生します。毎日の水やりや花がら摘みのついでに、植物をチェックする習慣をつけます。

葉が変色している、変形しているなどの病気の部分を見つけたら、病気がそれ以上広がらないように、その部分を切り取ります。株全体が病気にかかっていたら、周辺の土ごとその株を抜き取ります。

害虫を見つけたら、捕殺します。ガの卵は葉裏にまとまって産みつけられていることが多いようです。孵化したばかりの幼虫で見つければ、葉1枚切るだけで退治できます。葉裏もよく見ましょう。また葉に食害跡があったら、その近辺を探して捕殺を心がけます。

薬剤を効果的に利用する

薬剤散布も選択肢のひとつです。最近の家庭用の薬剤は正しく使用していれば人体には安全です。早期に発見すれば、最小限の使用で、被害の拡大を防ぐことができます。

また、病害虫はそれぞれ多発する時期があ

126

Part 5 園芸の基本のき

病害虫対策の基本

よく発生する病害虫と対策

害虫

アブラムシ
特徴：春と秋に多発。種類は多く、緑や赤、黒、黄色などの小さな虫が新芽や葉裏などに群生して吸汁して加害する。生育が悪くなり、葉を巻いたり、こぶをつくるものもある。排泄物にすす病が発生したり、ウイルスを媒介することもある。
予防：野菜は寒冷紗などで覆う。キラキラ光るものを嫌うので、シルバーマルチで飛来を防ぐ。
駆除：ホースやジョウロで勢いよく水をかけて洗い流す。鉢花は水を入れたバケツの中につけて洗い流す。軍手をはめた手でつぶす。牛乳をスプレーして皮膜をつくり、窒息死させる。その後、牛乳は水で洗い流しておく。黄色に誘引されるので、黄色の粘着トラップを近くに置く。オルトラン粒剤を散布する。

ケムシ、アオムシ、ヨトウムシ
特徴：チョウやガの幼虫で、春と秋に多発し、葉を食害する。小さいうちは葉裏に群生しているが、大きくなるにつれて移動し、被害が拡大する。
予防：野菜は寒冷紗などで全体を覆って飛来を防ぐ。
駆除：葉裏などをよく見て、見つけ次第捕殺する。糞があるのに姿が見えないのはヨトウムシ。昼間は土の中に隠れているので掘り起こして捕殺するか、夜に見回る。チャドクガは有毒なので虫に触れないように、枝ごと処理する。オルトラン粒剤、ハンドスプレータイプの汎用殺虫殺菌剤など。

カイガラムシ
特徴：春〜秋に発生し、枝、茎、葉などに寄生し、吸汁して加害する。体表がロウ物質で覆われており、形や色はさまざま。排泄物にすす病が発生する。
予防：込み合った枝は剪定して、風通しをよくする。
駆除：歯ブラシなどでこすり取る。5〜7月に幼虫が現れるので、スミチオンやオルトランなどを散布する。

ナメクジ
特徴：梅雨期の夕方から朝にかけて活動し、植物のやわらかい新芽や花弁を食害する。這った跡が白く光るので区別しやすい。
予防：鉢棚の足に銅板を巻きつけると上がってこない。
駆除：昼間は鉢底などに隠れているので見つけて捕殺する。夜に見回って捕殺する。ビールで誘引できるので、その中にナメトックスなどのナメクジ駆除剤を入れておく。

ハダニ
特徴：夏の高温乾燥時に多発、室内では冬も発生する。0.5mm程度の小さな虫が葉裏に寄生し、吸汁加害する。葉色が白いかすり状になり、草花は枯れることもある。
予防：葉裏に散水して乾燥を防ぐ。
駆除：葉裏にホースで勢いよく水をかけて洗い流す。パイベニカスプレー、でんぷんスプレーなどを散布する。

薬剤の選び方と使い方

薬剤によって、効果のある病害虫の種類と植物は異なります。広範囲の病気にも害虫にも効果のある薬剤、特定の害虫や病気に効果のある専門薬がありますから、まず、駆除したい病気、害虫を特定する必要があります。

同じ成分でも、さまざまな剤型の製品が販売されています。希釈する水和剤や乳剤もありますが、狭い面積で使用する場合はそのまま使用できるハンドスプレー剤が便利です。オルトランなど持続効果の高い粉剤や粒剤もありますから、目的に応じて選びます。

使用の際には、ご近所に迷惑がかからないように細心の配慮をします。①添付の注意事項をよく読んで正しい使用法を守ります。②散布するときは戸外で行います。③風の強い日や日中の高温時は避けます。④薬剤が自分にかからないように、帽子、手袋、マスクを着用し、スプレーを体から離し、風上から散布します。⑤洗濯物やペットなどにもかからないように周囲に気をつけます。⑥かけむらがないように、葉裏から茎までまんべんなく、ていねいに散布します。⑦薬剤は子どもなどの手の届かないところに保管します。

りますから、発生前に予防的に使用すると効果がある場合もあります。

病害虫対策の基本

薬剤を使わない防除で環境の保全を心がけます

病害虫が少なくなるコンパニオンプランツ

コンパニオンプランツ	効　果
バラ、ラズベリー＆ニンニク	マメコガネ、アブラムシの発生防止
トマト、ナス＆ニンニク、ネギ、ニラ	ナス類の立ち枯れ病防止
キュウリ＆ネギ、ニラ、チャイブ	ウリ類のつる割れ病防止
イチゴ＆ネギ、ニンニク	ナメクジの食害防止
ダイコン＆マリーゴールド	ネマトーダ（センチュウ）の増殖防止
キャベツ＆ミント	アオムシの食害防止

虫が嫌がる、香りの強いローズマリーは寄せ植えにも使いたい。

ウリ類と一緒に植えると、つる割れ病を防止してくれるチャイブ。

薬剤は駆除したい病害虫以外の生きものへの影響は必至です。薬剤を使わない防除のためには病害虫を発生させないことです。

環境を整え、健康に育てる

薬剤は庭の生態系を乱し、植物に害を与える害虫の天敵であるカマキリやハチ、テントウムシ、トンボ、クモ、野鳥などを殺してしまいます。安易に使わないようにします。

病害虫対策の基本は、病害虫を発生させないこと、すなわち予防が大切です。そのためには病害虫が発生しにくい環境を整え、健康に育てます。健康体なら抵抗力があります。

まず、購入時に病害虫を持ち込まないこと。そして、植物が喜ぶよい土に植え、日当たりと風通しのよい場所で育て、肥料や水を適切に与えて健康に育てます。

日当たりが悪いとひょろひょろと茎ばかり伸びます。肥料や水が多すぎると葉ばかり茂って軟弱になります。風通しも悪くなり、害虫が発生しやすくなります。高温多湿の梅雨時などは、蒸れて病気が発生しやすくなります。室内も、鉢の間隔をあけ、換気に気をつけて風通しを確保します。

病気の発生源となる花がらや枯れ葉をこまめに除去することも、環境を整えるのに重要

野鳥が好む木の実

実のなるブルーベリーは害虫を食べてくれる野鳥の好物。

植物名	よく食べる鳥
ブルーベリー	メジロ、ムクドリ、ヒヨドリ、キジバト
ナンテン	ムクドリ、ヒヨドリ、ジョウビタキ、ツグミ
イチジク	スズメ、メジロ、ムクドリ、ヒヨドリ
ニシキギ	メジロ、ムクドリ、ヒヨドリ、ジョウビタキ、ツグミ
カキ	スズメ、メジロ、ムクドリ、ヒヨドリ、ツグミ
ムラサキシキブ	メジロ、ムクドリ、ヒヨドリ、ツグミ、キジバト
ガマズミ	メジロ、ムクドリ、ヒヨドリ、ツグミ
アケビ類	スズメ、メジロ、ムクドリ、ヒヨドリ、ツグミ
グミ類	スズメ、メジロ、ムクドリ、ヒヨドリ

はじめての花づくりの常識

ベランダにドバトがきて困るの

ドバトの糞公害の被害が続出しているようです。乾燥した場所を好むので、ベランダに寄せつけないようにするには植物をたくさん植えます。バラの香りを嫌うので、バラやローズゼラニウムも加えましょう。手すりの上に少し浮かして釣り糸を張っておくと、手すりに止まれずベランダに降りるのをあきらめます。

コンパニオンプランツ

花壇や畑、寄せ植えの中に一緒に植えておくと、病害虫の発生を抑えたり、互いの生育がよくなる植物があります。この組み合わせの植物をコンパニオンプランツといいます。科学的に解明されたものではありませんが、長年の経験でつくられた園芸の知恵です。ローズマリーやニンニク、ミントなどの強い香りのハーブを花壇や寄せ植えの中に植えると害虫防除に効果があります。バラとニンニクでアブラムシの発生を抑えます。

庭に野鳥を呼ぶ

スズメを代表とする野鳥たちは、草花の害虫である昆虫を捕食してくれます。野鳥たちが訪れる庭やベランダにして、害虫退治に参加してもらいましょう。バードウォッチングという楽しみも増えます。
まず多種の草花を育て、薬剤は使わないようにします。そして鉢皿などに小石を入れて水深1〜2cmの水飲み、水浴びの場所をつくってやります。食料となる実のなる木、蜜を出す花木（ツバキ、ウメなど）を植えます。昆虫も実も食べつくす冬は、パンくずやリンゴ、ミカンなどのえさも用意しましょう。

タネまきの基本

簡単なものから
タネをまいてみましょう

タネは小さなからだの中に発芽のための養分を貯蔵して休眠しています。土にまき、水と適度な温度を加えると発芽します。

ポリポットへのタネまき

用意するもの
ヒマワリのタネ、3号ポリポット、タネまき用培養土、鉢底ネット、ラベル

4 明るい日陰で管理。鉢土の表面が乾いたら鉢皿に水を入れ、鉢底から吸水させる。

2 表面を平らにならし、間隔が均等になるように指で穴をつくる。

5 まいたタネの半分ほどが発芽したら日なたへ移動。間引いて苗を1本残し、本葉5～6枚で定植する。

3 1つの穴に1粒ずつタネをまき、土を寄せて穴を埋める。

1 鉢底ネットを敷き、培養土を八分目入れ、ジョウロで水をかけて土を湿らせる。

タネから育てる

　一年草、および宿根草はタネをまくことからスタートします。花つきのポット苗が大量に市販されていますが、タネは比較的安価ですから、同じ種類のものを大量にほしい場合、また苗では入手しにくいものを育てたい場合は、自分でタネをまきます。

　それほど難しくありませんし、タネから育てた苗が日々成長していく姿を見ると、わくわくして感動してしまいます。

タネまき適期がある

　タネまきの適期は春と秋の2回。植物はそれぞれ原産地が異なりますから、その生育パターンと発芽適温に合わせます。

　春のタネまきは関東地方では3月下旬～4月上旬、ソメイヨシノが咲いたころからスタートします。そのころの昼間の気温は15～20℃、アスターやマリーゴールドなどの発芽適温です。アサガオやフウセンカズラなどは発芽に20～25℃の温度が必要なので、ヤエザクラが散ったころです。

Part 5 園芸の基本のき

タネまきの基本

ジフィーセブンへのタネまき

用意するもの
ジフィーセブン（パットに並べて吸水させ、十分にふくらませたもの）、ネモフィラのタネ

5 元気のよい苗を1〜2本残して間引く。ハサミで切ってもよい。

6 本葉5〜6枚になるまでそのまま育ててから定植する。

3 発芽まで明るい日陰に置き、パットに水をためておく。

1 1ポット当たり、タネを3〜4粒ずつまく。

4 発芽後は日なたへ移動。土の表面が乾いたら水やりする。

2 ピンセットの先で軽く土をつついてタネが隠れるように覆土。

はじめての花づくりの常識
育てやすいタネって？
タネの大小が育てやすさの目安になります。マリーゴールドやアサガオ、ヒマワリ、ナスタチウムのような大きなタネは強健で、多少の悪条件を気にしません。初めてタネまきするならおすすめです。

タネのまき方

秋のタネまきはヒガンバナの開花を目安にします。そのころの昼間の温度は15〜20℃、デージーやハナビシソウなどの発芽適温です。それより早すぎると気温が高すぎて発芽しにくくなります。遅れると気温が低くなって発芽が遅れ、苗の根が張らないうちに寒さがやってきます。適期を守りましょう。

タネまき

さあ、タネまきです。まずタネ袋に書いてある説明をよく読み、それに従いましょう。

花壇や畑に直接タネをまく「直まき」もありますが、多くはポリポットや育苗箱、ジフィーセブンなどにまき、芽が出てから間引きや移植をして苗をつくります。少量の苗が必要な場合は、ポリポットやジフィーセブンで十分です。用土は清潔なもの、市販のタネまき用培養土はすぐに使えて便利です。

大きなタネはポリポットにタネまき用土を八分目ほど入れ、ジョウロで水をかけて用土を湿らせます。1ポットに3粒ずつ、指を第一関節までさして穴をあけ、1つの穴に1粒ずつタネをまき、土を寄せて穴を埋めます。小さなタネはポリポットにタネまき用土を入れて湿らせ、5〜6粒を均等にまきます。覆土は土が隠れる程度。ただし、タネによっ

ミズナのタネまき

5 間引き後、株元へ土を軽く寄せて、株を安定させる。

用意するもの
ミズナのタネ、長さ60cmのプランター、鉢底石、野菜用培養土、緩効性化成肥料（元肥として培養土に混ぜる）、棒、移植ゴテ

6 1～2回間引いて、草丈が20cm以上になったら収穫する。

3 発芽したら日なたに移動する。タネまきから7～10日、双葉が開いて本葉1枚のころ。

1 鉢底石を敷き、八分目ほど培養土を入れる。棒で10cm間隔、深さ1cmのまき溝を2本つくる。

はじめての花づくりの常識
タネまきから育てる野菜はほかに？
プランターで育てるなら、ミニニンジンやハツカダイコン、カブなどがおすすめです。ナスやトマトなどは育苗に手間がかかりますし、必要な株数も少ないので市販の苗を使います。

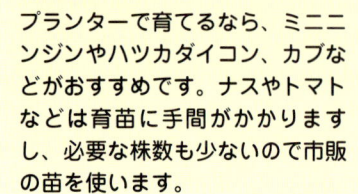

4 双葉の形が悪いもの、生育不良のものを間引き、苗が3～4cm間隔になるようにする。

2 1cm間隔でタネをまき、覆土をしてたっぷり水やりする。半日陰に置き、土が乾いたら水やりする。

発芽まで水を切らさない
置き場所は軒下など、風通しがよく、雨の当たらない明るい日陰です。鉢土の表面が乾いてきたら、たっぷり水やりします。小さなタネはジョウロで水やりすると流れてしまいます。水を入れた鉢皿に置き、鉢底から吸水させます。半分ほど芽が出そろったら、日なたに移動します。

ては覆土不要、発芽に光が必要なものもありますから、袋の説明書で確かめます。ジフィーセブンを使うとタネまきはもっと簡単。吸水させるだけでそのまま土と鉢になるものです。タネを埋め込み、苗が育ったらそのまま鉢などに植えられます。
育苗箱には、3～5cm間隔で溝をつくり、溝の中にタネを1粒ずつまきます。花の名前やタネをまいた日付を書いたネームプレートをつけておきましょう。

間引きはハサミで
双葉が開いたら、1週間に1回、1000倍に希釈した液肥を与えます。苗が込み合ってきたら間引きをします。込み合った芽、いびつな形の芽を順に選んで株元からハサミで切り落とすと、残す苗の根を傷めません。1ポットに3粒まきも5～6粒まきも、本葉2～3枚のころまでに元気な苗を1本残し、本葉5～6枚の定植まで、そのまま育てます。

ベビーリーフミックスのタネまき

用意するもの
コンテナ、鉢底ネット、鉢底石、野菜用培養土（元肥入り）、土入れ、ベビーリーフミックスのタネ

5 タネまきから7〜10日後、双葉が開いたら、3〜4cm間隔に1本となるよう間引く。

6 タネまき直後から収穫するまで寒冷紗をかけておくと、害虫などから守ることができる。

7 7〜8cmになった外側の葉から順に収穫する。液肥を与えると新たに葉が伸び、次々に収穫できる。

3 1cm間隔を目安に、均等になるようにタネをバラまきし、タネが隠れる程度に覆土。

4 タネまき後、タネが流れないよう霧吹きなどで水やりをする。

1 コンテナに鉢底ネットで穴をふさぎ、鉢底石を入れる。

2 ウォータースペース2cmをとって、培養土を入れ、ジョウロで土を湿らせる。

葉菜類のタネまき

ミズナやホウレンソウ、コマツナ、ロケットなどの葉菜類はタネをまいて育てます。タネまきから収穫まで1〜3カ月（ベビーリーフは1ヵ月）、大きくなれば収穫できますから、栽培は簡単です。

自分が育てたものを食べることができるというのは、花を育てるのとは違った楽しみがあります。採りたてを調理できますから、美味。いろいろ育ててみましょう。

花壇の片隅で育てても素敵。庭がなくてもベランダで、深さ15cm程度の鉢やプランターで育てることができます。

多くは品種を選べば真夏と真冬を除いていつでも栽培できます。害虫は寒冷紗で覆って防ぎ、無農薬で育てますから安心です。

長さ60cmの標準的なプランターの場合、市販の野菜用培養土を八分目ほど入れ、たっぷり水やりして土を湿らせます。10〜15cm間隔で深さ1cmのまき溝を2本つくります。タネを1cm間隔でまき、覆土します。発芽後、1〜2回間引きをして、草丈20cm以上になったら収穫します。

育苗箱にまいたものは、本葉2〜3枚のころ、ポリポットに1本ずつ移植して、大きく育てます。

植えつけの基本

一年草と宿根草の苗を植えつけます

きれいな花を咲かせるためには、元気に育ったよい苗を選んで、植物が喜ぶよい土に植えつけます。

よい苗の選び方

悪い苗
全体に元気がなくてひょろひょろ成長している。葉先が傷んでいたり、虫食いの跡がある。葉色が黄変している。ポットを持ち上げると株元がぐらぐらしている。

よい苗
全体にがっしりしていて、葉につやがある。花つきの苗は蕾の数が多い。

一年草のポット苗の植えつけ

×（浅植え）
穴が浅いと、飛び出た根鉢が乾いて枯れやすくなる。

×（深植え）
穴が深すぎると、株元が土に覆われて傷みやすい。

○（基本）
移植ゴテで穴を掘る。地表面をそろえるように植える。

一緒に植えて楽しむ

タネから育てた苗、市販の苗や鉢花を大きな鉢や花壇に植えましょう。一年草だけでなく、宿根草も植えておくと、毎年同じ時期に咲いて季節の推移を教えてくれます。

よい苗の選び方

きれいな花を咲かせるには、元気に育ったよい苗を植えつけることがポイントです。苗を選ぶときには、必ず1ポットずつよく見て、茎ががっしりしていて、葉につやがあるものを選びます。下葉が黄色くなって枯れているものは根詰まりをおこしているかもしれません。ポットを持ち上げて株がぐらぐらするものは避けます。さらに、病害虫がないか、葉裏もチェックします。

一年草の苗の植えつけ

花壇では、植えつけ間隔（株の中心から中心まで）は15～20cm、開花期間が長いものは大きく成長しながら花を咲かせていくので広めにとります。

134

Part 5 園芸の基本のき

植えつけの基本

根鉢の整理

根が張りすぎている場合

根鉢の側面を少しくずす。

根鉢の下部を切る。

理想的な状態

そのまま植える。

宿根草の成長

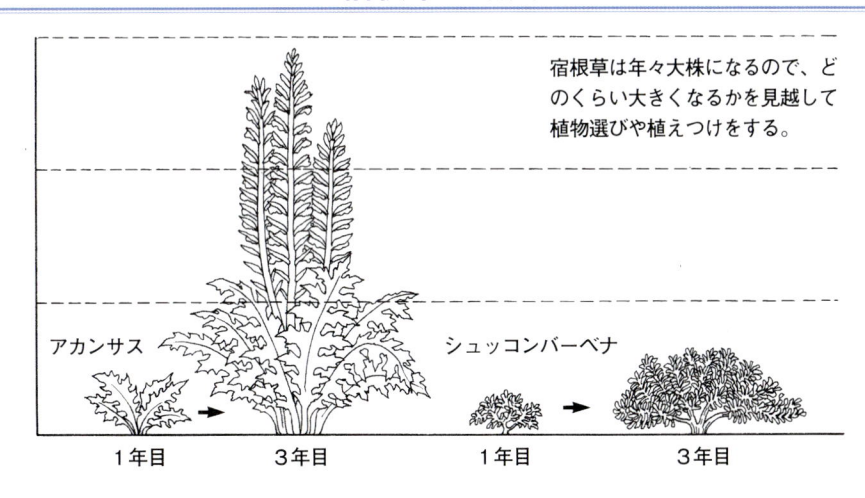

宿根草は年々大株になるので、どのくらい大きくなるかを見越して植物選びや植えつけをする。

アカンサス　1年目　3年目
シュッコンバーベナ　1年目　3年目

移植ゴテで植え穴を掘ります。深さは苗の根鉢の高さ程度。浅植えや深植えにならないように、地表面をそろえるように植えつけます。浅植えすると根鉢がはみ出て乾いて枯れやすくなります。深植えすると土に覆われた株元が傷みます。

なお、ポット苗から出した根鉢はくずさず、根を傷めないことが基本です。細い根がびっしり張っている場合は、根鉢の下部を切り根鉢をくずし、少し根を整理して植えた方が植えつけ後の生育がよいようです。

最後にたっぷり水やりして根鉢を新しい土になじませます。

宿根草の植えつけ

宿根草の草丈や株の広がり方は苗の姿から想像できないほどさまざまです。葉を大きく広げるもの、株元から何本も茎を伸ばして大株になるもの、草丈が低く地面を這うようにふえ広がるものなど。その姿を想定して、植えつける位置や間隔を決めます。

植えつけ適期は晩秋か早春ですが、根鉢をくずさなければ開花株も植えつけできます。庭木の間などにスポット的に1株植える場合は、大きめの植え穴を掘ります。掘り上げた土に腐葉土か堆肥を2〜3割、緩効性化成肥料を規定量混ぜて植えつけます。

植えつけの基本

球根と樹木の苗も植えつけます

球根を庭のあちらこちらに植えましょう。花壇や庭に樹木を何本か植えると「骨格」のようなものができあがります。

球根の植えつけの深さ

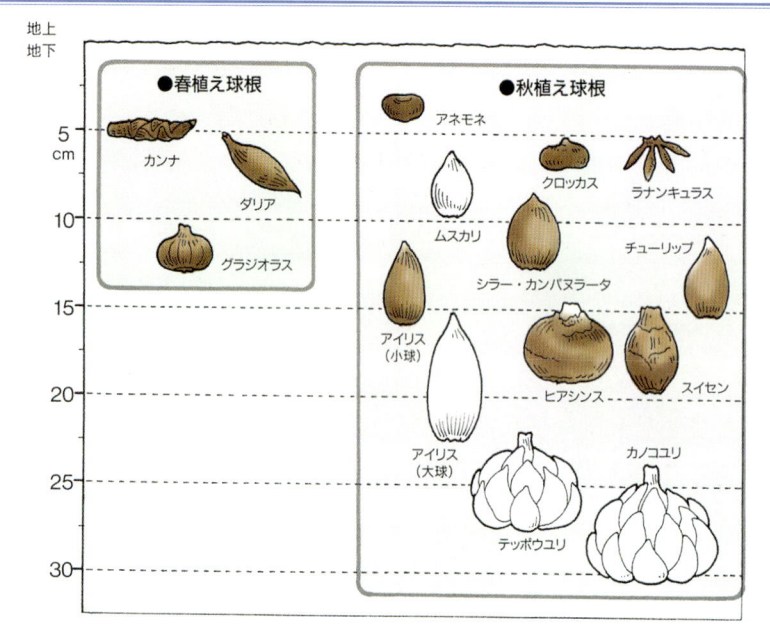

●春植え球根
- カンナ
- ダリア
- グラジオラス

●秋植え球根
- アネモネ
- クロッカス
- ラナンキュラス
- ムスカリ
- シラー・カンパヌラータ
- チューリップ
- アイリス（小球）
- ヒアシンス
- スイセン
- アイリス（大球）
- テッポウユリ
- カノコユリ

よい球根の見分け方

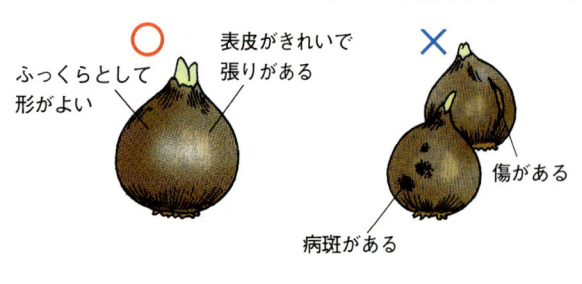

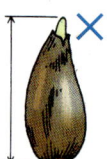

○ ふっくらとして形がよい／表皮がきれいで張りがある
× 傷がある／病斑がある
× 腰高のもの
× 平坦なもの

球根の庭への植えつけ

植えつけ適期は球根によって異なり、春（4～5月）植えと、秋（10～11月）植えの球根があります。

秋植え球根のスイセンやシラーなど、春植え球根のカンナなど、一度植えると毎年咲いてくれる球根は花壇の一角や庭の宿根草の間に植えます。チューリップやムスカリなどは冬花壇のパンジーなどの間に植えておくと、春の庭を華やかに彩ってくれます。

よい球根の選び方

球根は全体にふっくらとして傷のないもの、とくにチューリップなどは発根部がきれいなものを選びます。

植えつけ

一般的に、植えつけの深さは球根の高さの3倍（2個分の覆土）が目安。植えつけ間隔は球根2～3個分が入る程度です。腐葉土や堆肥などを十分に加えて土づくりをして植えつけます。なお、植えつけ直後の水やりは不要です。土の湿りに自然になじませます。その後、晴天が続いて土が極端に乾燥したら、

136

Part 5 園芸の基本のき

植えつけの基本

樹木の苗の庭への植えつけ

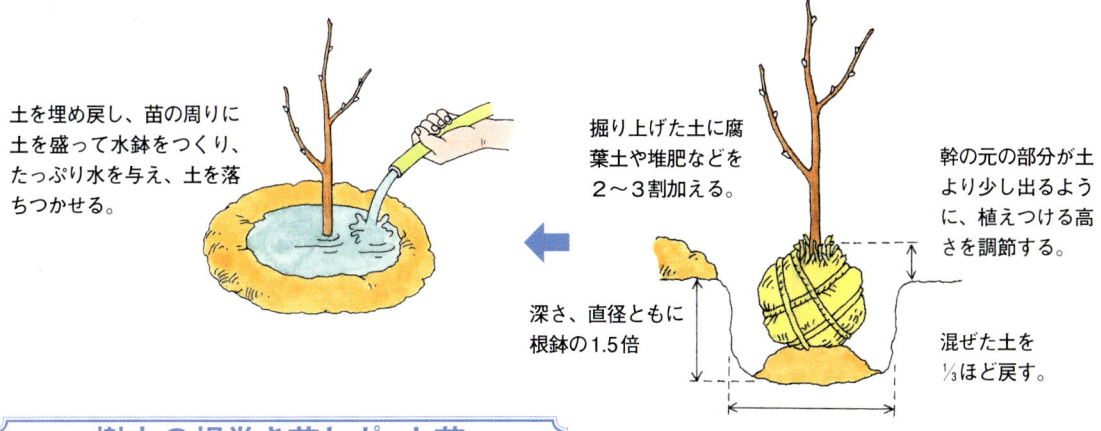

土を埋め戻し、苗の周りに土を盛って水鉢をつくり、たっぷり水を与え、土を落ちつかせる。

掘り上げた土に腐葉土や堆肥などを2～3割加える。

深さ、直径ともに根鉢の1.5倍

幹の元の部分が土より少し出るように、植えつける高さを調節する。

混ぜた土を1/3ほど戻す。

樹木の根巻き苗とポット苗

根巻き苗　ポット苗

全体に充実していて、芽や根が傷んでいないもの、病害虫がないものを選ぶ。植えつけのときは、根巻き苗のわらや麻布はそのまま、ビニールやポットは取り除いて植えつける。

はじめての花づくりの常識

植えっぱなし球根って？

一度植えると毎年花が咲いてくれる丈夫な球根です。スイセンやムスカリ、シラー、スノーフレーク、ユリなどの秋植え球根、南関東以西の温暖地限定ですが、ダリアやカンナなどの春植え球根がそうです。チューリップは南関東以西の太平洋側は一年草扱いですが、寒冷地では植えっぱなしができます。

樹木の苗の植えつけ

花壇や小さな庭には、樹高1m前後の低木を選びましょう。花が咲き、常緑でカラーリーフなら、冬の庭に彩りをもたらします。落葉樹なら、花はもちろん、新緑や紅葉など四季折々の姿を楽しめます。

よい苗木の選び方

苗木の植えつけ適期は春と秋が基本ですが、ポット苗や根巻き苗なら、真冬と真夏を除いていつでも植えつけできます。

よい苗木とは、幹が太くがっしりとして、芽がついているものはふっくらとしているもの。病害虫がついていないか確かめます。

植えつけ

深さ、直径ともに、根鉢の大きさの1.5倍の穴を掘ります。掘り上げた土に腐葉土や堆肥を2～3割、緩効性化成肥料を一握りほど加えてよく混ぜ、1/3ほど穴に戻します。ポットを外して植え穴に置き、幹のつけ根が地表面より少し高く出るように調節し、土を埋め戻します。苗の周囲に10cmほど土を盛り上げて土手をつくり（水鉢という）ます。株元にたっぷりと水やりして、根鉢と土をなじませます。水が引いたら周囲に盛り上げた土を株元に寄せておきます。

月2回ほどを目安に与えます。

ふやし方の基本

宿根草は株分けでふやします

株分けとは、根と芽をつけて株を分割すること。たくさんふやして庭のあちらこちらに植えてみましょう。

ランナーを伸ばす宿根草の株分け

ニオイスミレ

わき芽からランナーが伸び、ランナーの先に子株をつくるタイプのニオイスミレ、イチゴ、アジュガ、オリヅルラン、ユキノシタなど。ランナーを切り、子株を掘り取って新たに植える。

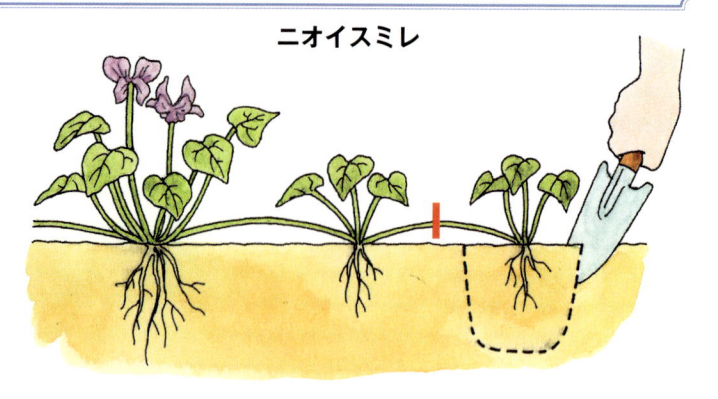

ほふく枝を伸ばす宿根草の株分け

リシマキア・ヌンムラリア

地面を這うように茎を伸ばし、茎の途中で発根して子株となってふえるタイプのリシマキア、シバザクラ、ラミウムなど。ほふく枝を切り、発根した子株を掘り取って新たに植える。

若返りもはかれる

宿根草をふやすのに、株分けはとてもよい方法です。タネから育てると開花まで数年かかるものも、適度な大きさに分ければ、株分けした年から花を咲かせることができます。

また、宿根草は年々株が大きく育っていきますが、株が大きくなりすぎると、日当たりや風通しが悪くなって生育が衰えて花つきが悪くなります。そこで、3～4年に1回、株分けして植え替えると、株が若返って、生育が旺盛になります。鉢植えの宿根草も同じで、大株になると鉢の中に新たに根が伸びる余地がなくなり、生育が衰えます。株分けして植え替えてやります。

株分けをしてみよう

株分けは開花直前や開花中は避けます。多くの宿根草は冬に休眠しますが、花が咲き終わって休眠期に入る秋か、休眠が終わる直前の早春に行います。

なお、株分けしたものはすぐに植えつけること。庭植えの場合は、腐葉土や堆肥などを

138

株を分割するタイプの宿根草の株分け

用意するもの
ミヤコワスレの鉢植え、培養土、ポリポット2個、鉢底ネット、園芸用ハサミ、土入れ、箸など

5 鉢底ネットを敷いたポリポットに培養土を入れ、苗を植える。

6 ウォータースペースをとり、さらに培養土を足す。

3 根を傷めないように注意しながらほぐす。

1 鉢から外し、傷んだ葉などを取り除いて整理する。

7 残りの2株も同様に植えつけ、たっぷりと水をやる。

4 ひとつの株を3つに分けたところ。

2 込み合った根や芽の位置に注意しながらハサミで切り分ける。

十分に加えて、元肥に緩効性化成肥料を入れて、新たに土づくりをしておきます。鉢植えの場合は、鉢を用意し、新しい培養土で植えつけます。どちらも最後はたっぷり水やりします。

株を分割する

株が大きなかたまりになるアガパンサスやギボウシ、ミヤコワスレなどは、大きく掘り上げ、あるいは鉢から出して、スコップやハサミで大きく分けます。

根茎を分割する

根茎(地下茎)の先に芽ができて大株になるアヤメやジャーマンアイリスなどは、根茎の芽と芽の間をハサミで分割します。根が少なくなる分吸水量が減るので、葉も長さを半分に切ります。

子株を分ける

茎を横に伸ばして(ランナーという)その先に子株をつくるアジュガやイチゴ、ニオイスミレなどは、ランナーを切り、子株を掘り取って新たに植えます。

ほふく枝を切って分ける

葉がついた茎(ほふく枝という)を、地表を這うように伸ばし、茎の途中で発根して子株となってふえるリシマキア、シュッコンバーベナなどは、ほふく枝を切り、発根した子株を掘り取って新たに植えます。

ふやし方の基本

挿し芽でいろいろふやせます

茎の一部を切り取って土に挿し、新たな根を出させて一つの株にするのが挿し芽というふやし方です。いろいろ試してみましょう。

ローズマリーの挿し木

1 3号鉢に鉢底ネットで鉢底穴をふさぎ、タネまき用培養土を八分目ほど入れる。長さ5～7cmの挿し穂を数本用意。土に挿す部分の葉を落とす。

2 水やりをして土を湿らせ、箸を挿して穴をあけ、箸に添わせるようにして穴に挿し穂を入れる。

3 置き場所は軒下の明るい日陰。鉢土が乾いたら鉢皿に水を入れて吸水させることを繰り返す。

挿し芽が容易な植物

コリウス

シュッコンネメシア

いろいろな植物で可能

挿し芽は、宿根草だけでなく、一年草や樹木、観葉植物などをふやすもっとも簡単な方法です。一般的に、草花の場合は挿し芽、樹木の場合は挿し木といいますが、どちらも作業は同じです。なお、植物によって、茎から発根する力は異なりますから、挿し芽が容易なものと困難なものがあります。

挿し芽が容易な植物

草花で挿し芽が容易なのは、インパチェンス、コリウス、バーベナ、ポーチュラカ、マーガレット、シュッコンネメシアなど。樹木ではアジサイやムクゲなどの落葉樹、クチナシやサザンカ、ジンチョウゲ、ローズマリーなど常緑樹。観葉植物はドラセナ、ブライダルベール、サンセベリアなど。ヘデラやポトスは水に挿しておくだけで発根します。

挿し芽をしてみよう

適期は生育旺盛な時期。春から伸びたもの

140

ゼラニウムの挿し芽

Part 5 園芸の基本のき / ふやし方の基本

用意するもの
ゼラニウムの鉢、ポリポット、培養土、土入れ、ハサミ、箸など

5 挿し穂の株元の土を指で軽く押さえ、安定させる。

6 風の当たらない明るい日陰に置き、最初の水やりは3日後。与えるときはたっぷりだが、ゼラニウムは多湿を嫌うので、鉢土が乾いてから2～3日後の乾燥気味の水やりをする。

3 1のポリポットの土に、割り箸で挿し芽用の穴を開ける。

1 鉢底ネットを敷いたポリポットに八分目まで培養土を入れる。

4 土に挿す部分の葉を落とし、穴に挿していく。

2 充実した若い茎を選び、ハサミで斜めに切る。

挿し芽に使う茎（挿し穂）

挿し穂の長さは6～10cm、鋭利なハサミやナイフで斜めに切ります。根は切り口の周辺の細胞から出てくるので、切り口がつぶれていると発根しません。また切り口が広いほど根が出やすくなります。

土に挿す部分（2～3cm）の葉は落とします。葉が大きい場合は、水の蒸散量を抑えるために、半分に切ります。

容器と土

容器は、素焼き鉢やポット苗が入っていたポリポットをよく洗って使います。

用土は清潔なもの、市販のタネまき用培養土を使うと便利です。

あらかじめ用土を十分に湿らせ、箸などで穴をあけ、切り口をつぶさないように気をつけます。

挿したあとの管理

風の当たらない、明るい日陰に置きます。

発根するまで1～3週間、水を切らさないこと。受け皿に水をためて、鉢底から吸水させると失敗がありません。

新しい芽が出はじめたら発根した証拠。さらに大きく育てて、鉢や花壇などに植えつけます。

道具の基本

あると便利な園芸道具とその使い方

庭に花壇をつくりたくなったら道具をもう少し、そろえましょう。必要最低限のもの、あると便利なもの、徐々に買い足していきます。

植えつけの道具

スコップ

移植ゴテ

花壇に苗を植える場合、スコップで土を掘り起こして耕し、腐葉土や堆肥、肥料などを入れて土づくりをしたあとに、移植ゴテで植え穴を掘って苗を植えます。

スコップは、刃先がとがり、体重をかけて踏み込むための足かけがある、剣スコップタイプを選びます。柄とスコップのつなぎ目の部分がしっかりしている丈夫なもの、自分の体格に合った使いやすいものを選びます。

移植ゴテは、固い土を掘り起こすこともあるので、丈夫で柄とのつなぎ目の部分がしっかりしているもの、手の大きさになじむものを選びます。幅広型と細型の2種類をそろえておくと、苗の大きさに合わせて使い分けできます。目盛りがついたものは植え穴の深さや株間を測るのに重宝します。いずれも使用後は土を落とし、きれいに水洗いして乾燥させ、雨の当たらない場所で保管します。

水やりする道具

ホース

ジョウロ

水やりは園芸作業のなかでも、もっとも日常的なものです。

ジョウロ（31ページ参照）以外に、庭に水道栓がある場合は、**ホース**に水の出方を調節できる**ホースノズル**をつけて水やりします。ノズルはジョウロのハス口と同様に細かい穴があいていて、手元で水を止めたり出したりできるものを選びます。ホースリールに巻いて収納するとコンパクトにまとめられます。

Part 5 園芸の基本のき

道具の基本

切るための道具

花がら摘みや切り戻し、伸びすぎた枝の剪定や生け垣の刈り込みなど、切る作業はさまざまです。用途に応じた道具を使い分けると効率よく作業ができます。

クラフトチョキとも呼ばれる**園芸用ハサミ**（31ページ参照）の次は、庭木や果樹など、少し太い枝を切る**剪定バサミ**が必要です。さらに**刈り込みバサミ**や**園芸用ノコギリ**なども作業に応じて用意します。

購入の際は、実際に握って感触を確かめ、自分の手に合ったものを選びます。剪定バサミに細くて厚い刃が「受け刃」、薄い刃が「切れ刃」、切れ刃を上にして枝をはさんで切ります。使用後は、サビを防ぐために樹液などの汚れをふきとり、刃とスプリング部分に機械油を差しておきます。

園芸用ハサミ

剪定バサミ

植物を保護する資材

植えつけた花の苗がさらに元気に育つように、そろえておくとよい資材もあります。

支柱は、プラスチック製や木製、金属製などがあり、植物の種類や使用目的に合わせて選びます。基本的にはしっかりと植物を守り、でも目立ちすぎないもの。剪定で出た小枝やシノダケなども使えます。つる植物には支柱を立て、ネットを固定します。大きく育つ植物は、植えつけた直後には短めの支柱を立てて、風などで枝や根などが傷つかないように守ります。さらに成長に応じてしっかりとした支柱を立てます。**ビニールタイ**や**麻ひも**などでゆとりをもって誘引します。

ブリキ缶入り麻ひも

身支度も大切

気持ちよく仕事をするためには、身支度も大切です。日焼けや虫さされ、泥汚れ対策には長袖と長ズボン、帽子は欠かせません。さらに**ガーデニングブーツ**（長ぐつなど）をはくと、足汚れが気になりません。**エプロン**は丈夫な布製で、ポケットの多いものを。必要な道具を持ち運びできます。**布製手袋**は剪定や穴掘りなど、手に傷がつくような作業をするときに使います。苗の植えつけなどで土に触れるときは、素手で作業したほうが土の感触がわかります。手の汚れが気になるなら、使い捨てタイプの極薄手の**ゴム手袋**をすると細かい作業ができます。ベランダなどで鉢に苗を植えつけるときは、大きめの**トレー**や**ビニールシート**などを用意して、その上で作業すると、汚れず便利です。

エプロン

布製手袋

ガーデニングブーツ

使い捨てゴム手袋

Column 鉢と植物に関する疑問にお答えします！

Q 大きな鉢に小さな苗を植えてもいい?

A 根は鉢壁にぶつかると枝分かれして育つ性質があります。小さな苗を適度な大きさの鉢に植えるとすぐに鉢壁にぶつかって根が枝分かれするので、根の数が増え、根がしっかりと張り、元気に育ちます。

小さな苗を大きな鉢に植えると、根の量が少ないので吸い上げる水の量も少なく、鉢土はなかなか乾きません。そのため根腐れをおこしやすくなります。また根はなかなか枝分かれできず、貧弱な株になってしまいます。成長にしたがって、鉢を徐々に大きくすることが大切です。

[鉢がちょうどよい]

・根がよく枝分かれしてしっかりと根が張り、元気に育つ。

[鉢が大きすぎる]

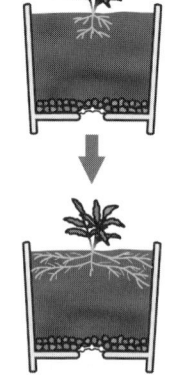

・根が枝分かれせず、貧弱に育つ。
・中心部まで根が伸びずに根腐れをおこしやすい。

Q 鉢の材質と植える植物に適性はあるの?

A 植物より、水やりなどの管理をする人に合わせて鉢の材質を決めましょう。素焼き鉢は通気性も排水性もよく鉢土が乾きやすいので、水やりの回数が増えます。プラスチック鉢は鉢土が乾きにくいので、水やりの回数が減ります。忙しくて水やりを忘れるという方はプラスチック鉢を。水やり大好き、水のやりすぎで枯らす恐れがある方は、素焼き鉢がおすすめです。

Q 丈の高い樹木と草花の寄せ植えはできる?

A できます。中央に丈の高い樹木を植え、周囲に草花を植えるとバランスのよい寄せ植えができます。草花は季節ごとに植え替えるとよいでしょう。ただ、そうすると草花の根と樹木の根がからみ合って植え替えが大変。樹木を素焼き鉢に植え、鉢ごと大きなコンテナに入れると、根がからみ合う心配がなくなります。下部には発泡スチロールなどを入れて軽くします。

これだけは知っておきたい 用語解説

あ

移植（いしょく）
苗を成長に応じて育苗箱などからポットに植え替えること。→定植

一日花（いちにちばな）
アサガオなど開花したその日に枯れてしまう花をいう。

一年草（いちねんそう）
タネから発芽し、生育、開花、結実、枯死までのサイクルが1年以内の草花をいう。

一年草扱い（いちねんそうあつかい）
原産地では宿根するが、日本では耐寒性や耐暑性がなくて宿根できず、一年草と同じように花が咲き終わったら枯死する草花。耐寒性のないものは室内などで越冬可能なものもある。

一季咲き（いっきざき）
年に1回、ある一定期間開花する植物の性質をいう。

植木鉢（うえきばち）
植物を栽培する容器で、ポット、コンテナともいう。材質により素焼き鉢や化粧鉢などの陶製、プラ鉢やポリポットなどのプラスチック製、ピートモス製、紙製、木製などがある。大きさは口径を号で表し（鉢底の数字）、1号は3cm、5号鉢は直径15cmに相当する。

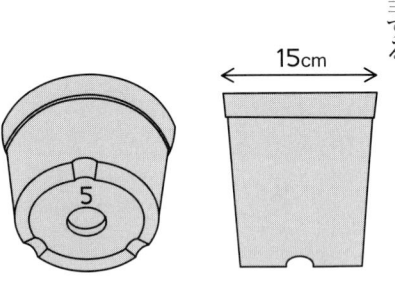

植えつけ（うえつけ）
苗を花壇やコンテナに植えること。定植ともいう。地ぎわに成長点（芽）があるものが多いので、浅植えや深植えにならないように、元のポットに植えられていた根鉢の高さにそろえて植えること。浅植えすると根鉢が露出して枯れこむ恐れがある。深植えすると地ぎわの成長点が土に埋もれて育たず、枯れる。コンテナの場合は根鉢と鉢の間に空間ができないように、箸などでつついて土をしっかり入れること。最後にたっぷり水やりして土を落ちつかせる。

ウォータースペース
鉢植えなどで水やりのときに一時的に水をためるスペース。鉢の上縁から2～3cm下まではウォータースペースとして土を入れない。上縁まで土があると、水やりのたびに土が流れてしまい、しかも十分に水がしみこまない。

146

これだけは知っておきたい 用語解説

液肥（えきひ）
液体肥料の略。多くは化成肥料で、原液または粉末を水で薄めて使う。速効性のタイプが多いので追肥に使う。説明書をよく読み、希釈倍数を守ること。濃すぎると根を傷めることがあるので注意する。

越冬（えっとう）
多くの植物は10℃以上で生育期に入るが、それ以下の温度になる冬は休眠して寒さに耐えて過ごす。耐えられる温度は植物により異なる。

園芸品種（えんげいひんしゅ）
野生の花を交配などで改良した植物グループをいう。品種名はクリサンセマム・ノースポール、というように表記される。

お礼肥（おれいごえ）
球根や宿根草、花木など、花後や結実のあとに与える肥料。速効性肥料を与える。株を充実させる効果がある。

温暖地（おんだんち）
南関東以西の、比較的温暖な気候の地域をいう。左図は最低月気温の平均値データを元にした植栽ゾーンマップを参考に、日本列島を5つのゾーンに分けたものである。

か

開花苗（かいかなえ）
花が咲きはじめている苗をいう。

花芽（かが）
はなめともいう。成長すると花になる芽。花芽ができることを花芽分化というが、植物によって分化の時期や部位は決まっている。花木の剪定では花芽を落とさないように気をつける。

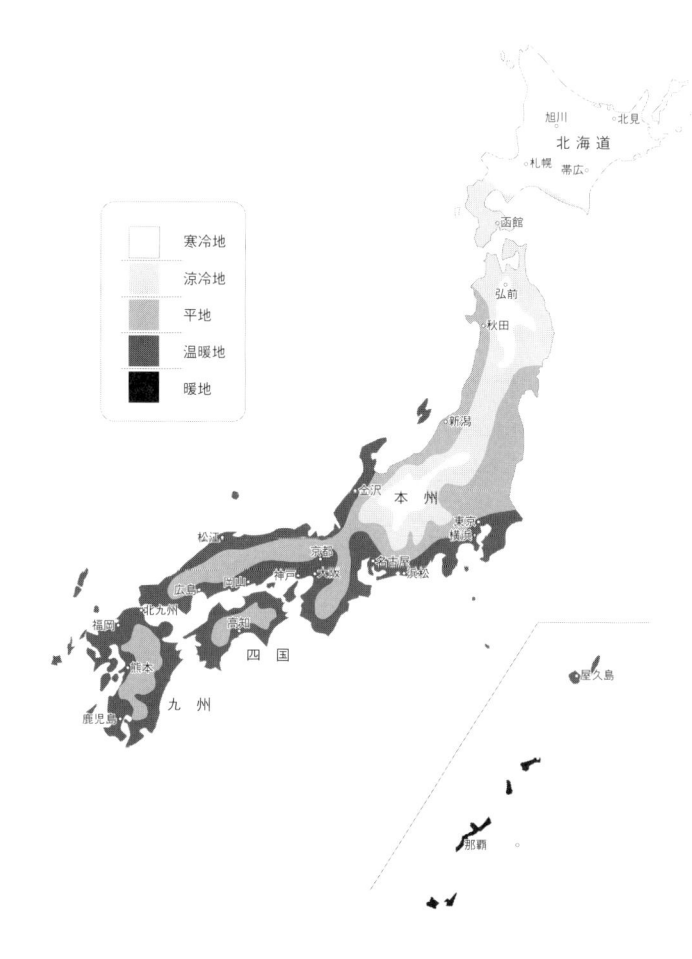

がく
花のいちばん外側にあって蕾のときは花を保護する。普通は緑色をしているが、花弁のように大きく色鮮やかなものもある。

花茎（かけい）
上部に花をつける茎。

化成肥料（かせいひりょう）
化学的に合成された無機質肥料で複数の成分を含むものをいう。単一成分のものは単肥という。

株間（かぶま）
苗などを植えるときの間隔をいう。一般的に、苗の中心から中心を測る。十分に生育できるように広めにとることが基本だが、狭い花壇やコンテナの寄せ植えでは株間は狭いほうが見栄えがする。

株分け（かぶわけ）
宿根草などの株を分割してふやす方法。株が大きくなりすぎると老化して生育が衰えるので、数年に1回掘り上げて分割して若返りを図ることも目的として行う。

カラーリーフプランツ
銀葉、黄葉、銅葉、斑入り葉など、カラフルな葉色をもつ植物をいう。

刈り込む（かりこむ）
切り戻しの一種で、草丈の1/3〜1/2を目安に伸びすぎた茎をばっさり切ること。残った茎の葉のつけ根にあるわき芽が伸びて、整った草姿となる。

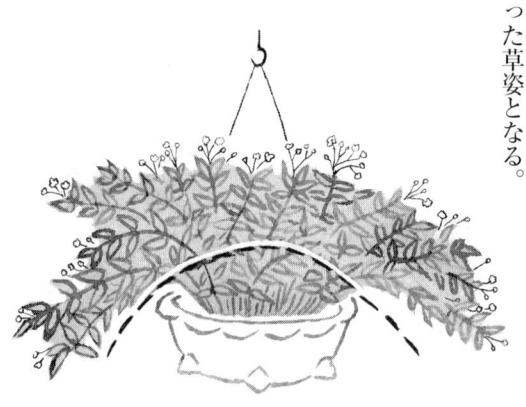

乾燥気味（かんそうぎみ）
多湿を嫌う植物の水やりの方法で、水やりするときはたっぷり。次の水やりは鉢土の表面が乾いたらすぐに与えず、2〜7日（植物や時期によって異なる）してからたっぷり与えるようにする。

寒冷紗（かんれいしゃ）
ビニロンやポリエステルなどの糸で織った資材。花壇や畑の植物にかけると遮光、保温、防寒、防虫などの効果がある。風通しはよく、水を通すので寒冷紗の上から灌水できる。

寒冷地（かんれいち）
北海道および中部以北の山間地で、冬は寒さが厳しく、夏は冷涼な地域。
→温暖地

旧枝咲き（きゅうえだざき）
クレマチスなどで、前年に伸びた枝に花芽がつく性質。冬に枝を切ると翌年は花が咲かないので注意する。

球根（きゅうこん）
多年草のうち、地下または地ぎわで肥大して養分をたくわえる器官をもつ草花。生育に困難な時期を球根で休眠し、毎年球根から芽を出して成長し、開花する。

休眠（きゅうみん）
寒い冬や暑い夏など、生育しにくい時季は生育を停止すること。一年草はタネで、宿根草は根株で、球根は球根で、落葉樹は葉

これだけは知っておきたい 用語解説

を落として休眠する。

切り戻し（きりもどし）

長く伸びすぎた枝や茎を切ること。ベゴニア・センパフローレンスなど、成長しながら開花するものは草丈の半分ほどを切るとわき芽が伸びて草姿が整い、再び花が咲く。鉢やハンギングバスケットに植えられているものも、草姿が乱れたものは切り戻しをして再生する。

グラウンドカバー

地面や壁面を覆うように広がる丈の低い植物。宿根草や樹木、つる植物など、成長が早く、丈夫で手間のかからない植物が向く。グラウンドカバープランツ、地被植物ともいう。

珪酸塩白土（けいさんえんはくど）

ミネラルを豊富に含む粘土。根から排出される老廃物などを吸着するのでハイドロカルチャーでは水の汚れを防止するために使う。土のpHを調節し、土の中の環境を整えるので、古土に1割ほど混ぜると再利用できる。

結実（けつじつ）

花粉がめしべの子房に到達して受精し、タネができること。

こぼれダネ

結実したタネが自然に落ちたもの。強健な植物はこれが発芽してふえる。

コンテナ

植木鉢やプランターなど、植物を植える容器を総称していう。

コンパニオンプランツ

一緒に植えると病害虫の発生が抑えられたり、互いに生育がよくなる植物の組み合わせをいう。農薬を使いたくないキッチンガーデンには積極的に活用したい。

さ

挿し木・挿し芽（さしき・さしめ）

枝や茎を切り取って土などに挿して根を出させる繁殖方法。

四季咲き（しきざき）

一定の開花期をもたずに、四季にわたって開花する植物の性質をいう。

自然開花期（しぜんかいかき）

温室に入れるなど人為的な環境を与えずに、自然な状態で花が咲く時期。

支柱（しちゅう）

草丈の高い草花が風で倒伏しないように、また、つる性のものが適切に繁茂するように、あらかじめ立てておく棒などの支え。市販のものもあるが、タケや剪定した小枝も利用できる。目立ちすぎず、しっかりと支えるように工夫する。

た

耐寒性（たいかんせい）
最低気温0℃以下に耐えて越冬する植物の性質。短日性の強いアサガオ、サルビア・レウカンサやポインセチア、ハツコイソウなどは、外灯や室内の照明で短日にならずに開花できないことがある。

堆肥（たいひ）
バーク（樹皮）や牛糞、落ち葉、わらなどを原料に土壌中の微生物によって発酵熟成させたもの。一般的に、落ち葉からつくる堆肥は腐葉土として区別している。肥料成分は少ないので、肥料として使うより、団粒構造のよい土にするために、花壇や畑、鉢土に混ぜて使う。なお未熟なものを使うと土の中で発酵し、栽培している植物の根を傷めるので、完熟したものを使う。未熟なものは土に混ぜてしばらく置き、追熟させるとよい。

団粒構造（だんりゅうこうぞう）
細かい土の粒が団子状の大きな粒となった土の構造。大きな粒と粒の間はすき間が大きいので排水性と通気性がよく、大きな粒の中のすき間は小さいので保水性があり、団粒構造の土では植物がよく育つ。

地下茎（ちかけい）
普通に見られる茎を地上茎、それに対して地中に伸びる茎をいう。形はいろいろで、球根も地下茎の一種。

中耕（ちゅうこう）
植物の生育途中で株元の土を浅く耕すこと。雑草を除去し、土の通気性や排水性を改善する効果がある。

頂芽（ちょうが）
茎の先端にある芽のこと。芽には頂芽と葉のつけ根につくわき芽があるが、共存すると頂芽のほうがよく発達する。これを頂芽優勢というが、頂芽を摘心するとその性質

宿根草（しゅっこんそう）
多年草のうち、地上部が枯れても根株が残り、毎年新しく芽を出し花を咲かせる草花をいう。常緑のものもある。

新枝咲き（しんえだざき）
クレマチスなどで、新たに伸びた枝に花芽がつく性質。冬に枝を短く切ってもよい。

素焼き鉢（すやきばち）
700〜800℃で焼いた陶製の鉢。多孔質で排水性、通気性がよく、植物を育てるのに適している。

多年草（たねんそう）
1年以内で枯れてしまう一年草に対して、多年にわたって生育する草花をいう。宿根草や球根に分けることもある。

短日性（たんじつせい）
昼間の長さがある一定の長さより短くなることが刺激となって花芽分化し、開花す

150

これだけは知っておきたい 用語解説

追肥（ついひ）
植物の成長の途中で施す肥料。すぐに効果の表れる速効性肥料や、長く効果のある緩効性肥料を施す。

土寄せ（つちよせ）
株元に土を寄せること。苗を間引いたあとなど、茎がしっかり立つように周りの土を株元に寄せておくとよい。

つる植物（つるしょくぶつ）
茎が細くて自立できず、他の植物などにからみついて成長する植物をいう。茎そのものが巻きつくタイプ、巻きひげや吸盤、気根などを出してよじ登るタイプがある。

定植（ていしょく）
花壇や鉢など、観賞する場所に苗を植えつけること。植えつけともいう。

底面給水鉢（ていめんきゅうすいばち）
鉢底に貯水タンクをもち、ひもを通して鉢底から吸水させるタイプの鉢。タンクに給水するが、ときには鉢土の上から灌水して老廃物などを洗い流すとよい。

トレリス
細い角木を格子状に組んだもの。目隠しや間仕切りなどの役目をし、つる植物をからませたり、ウォールポットやハンギングバスケットを飾るのに最適。

な

二年草（にねんそう）
タネから発芽し、生育、開花、結実、枯死までのサイクルが1年以上2年未満の草花をいう。

摘心（てきしん）
ピンチともいい、茎や枝の先端の芽（頂芽）を摘むこと。頂芽優勢がくずれ、わき芽が伸び、花数がふえる。→頂芽、わき芽がなくなり、わき芽が伸びる。

土壌改良（どじょうかいりょう）
花壇や庭の土に堆肥や腐葉土などを混ぜ込んで、土の状態をよくするために行う作業。土壌改良すると土がやわらかく団粒構造の土となり、微生物もふえて、植物の根が健康に育つよい土となる。

根腐れ（ねぐされ）
水のやりすぎや根の周りの通気不良で、根が十分に呼吸できなくなり、根が腐ること。軽症の場合は根の腐った部分を取り除き、新しい土で植え替えるとよい。根腐れを防止するには、灌水は必ず鉢土の表面が乾いているのを確かめて与えること。また、炭や珪酸塩白土を土の中に混ぜ込んでおくと根腐れ防止に効果がある。

根詰まり（ねづまり）
鉢植えの場合、鉢の中に根がいっぱいになってそれ以上根が伸びる余地がなくなり、水や養分の吸収も十分にできない状態で、

は

根鉢（ねばち）
土から掘り出されたり、鉢から抜かれた根と根の周りの土の部分をいう。

根巻き苗（ねまきなえ）
花木や果樹の苗など、根土をつけたまま麻布や荒縄で巻いた苗。植えつけはそのままできる。

ハーブ
料理やティー、ポプリ（芳香剤）、クラフトに使うなど、私たちの生活に役立つ植物をいう。花や葉に芳香のあるものが多い。

ハイドロカルチャー
通常の土を使わず、発泡煉石などを植え込み材に、容器に水を少量ためて栽培する方法。室内で観葉植物を育てるのに適している。発泡煉石は粒状の粘土を高温で焼成しているので、無臭で清潔。

培養土（ばいようど）
赤玉土などを基本用土に土壌改良材の腐葉土などを混合した、植物を育てるのに適した土。調整済みのものが市販される。

鉢底石（はちそこいし）
鉢内の排水性をよくするために入れる軽石など。鉢底石としても市販されている。5号（直径15cm）以下の小さな鉢は、水はけのよい土を使えば鉢底石は不要。6号（直径18cm）以上の大きな鉢は土の量が多くなり、土も乾きにくくなることがあるので、鉢底石を2～3cm入れるとよい。発泡スチロール片でも代用できる。

鉢底ネット（はちそこねっと）
鉢底の穴をふさぐための網で、市販されている。鉢土がこぼれるのを防ぎ、ナメクジなどの害虫が侵入するのを防ぐ。

鉢花（はちばな）
プラ鉢などに植えられた、観賞期にある花をいう。

花がら摘み（はながらつみ）
咲き終わった花を摘み取る作業。そのままにしておくと、見苦しいだけでなく、花後、結実すると養分がタネにとられて株が老化して花つきが悪くなる。また花がらは灰色かび病などの発生源ともなるので、早めに摘み取ることが必要。

花芽（はなめ）
→花芽（かが）

バラまき（ばらまき）
タネまきの方法で、タネをばらばらにまくこと。均一にまくように心がける。

半耐寒性（はんたいかんせい）
最低気温0～5℃に耐えて越冬する性質。南関東以西の温暖地なら越冬可能。

半日陰（はんひかげ）
1日のうち2～4時間、日が当たるところをいう。

日陰（ひかげ）
1日の日照時間が2時間未満だが、ある程度日照があるところ。

非耐寒性（ひたいかんせい）
最低気温が5～10℃以上ないと越冬できない性質をいう。

これだけは知っておきたい 用語解説

日なた（ひなた）
一日4時間以上直射日光が当たるところ。

肥料切れ（ひりょうぎれ）
肥料が不足している状態をいう。肥料が不足すると、花が咲かなくなったり、葉色が悪くなったり、生育が悪くなったりする。緩効性化成肥料などを定期的に追肥するとよい。しかし、肥料をやりすぎるとかえって生育を悪くするので注意。

冬芽（ふゆめ）
樹木や宿根草など、夏～秋に芽ができ、冬は休眠している芽をいう。

腐葉土（ふようど）
落ち葉を集めて発酵熟成させたもので、土壌改良材によい。市販のものは小枝などが混じり、未熟な粗悪品があるので注意。完熟したよい腐葉土は葉の形がなく、よい香りがする。

プラスチック鉢（ぷらすちっくばち）
プラ鉢ともいう。色や形はさまざま。軽くてこわれにくいが、通気性や排水性が素焼き鉢より劣るので、水やりに注意。

ベビーリーフ
コマツナ、ミズナなどの葉物野菜を大きく成長する前に収穫して食べるもの。生食できる。

苞（ほう）
葉の変形したもので、そのわきに咲く花を保護するもの。苞葉ともいう。形や色はさまざまで、ハナミズキは花弁状、ポインセチアは葉の形だが赤く色づき、花のように美しい。

ポット苗（ぽっとなえ）
ポリエチレン製の鉢に植えられた苗。苗の生産・流通に適したもので、花壇やコンテナに植えつけて育てる。

ほふく
茎が地表を這うように伸びること。

本葉（ほんば）
タネから発芽して、最初に出てくる芽を子葉または双葉というが、そのあとに出てくる葉をいう。子葉や双葉とは形が異なる場合が多い。

ま

間引き（まびき）
成長に応じて込み合った部分の苗や枝を抜き取ること。日当たりや風通しがよくなり、健全に育つ。

水切れ（みずぎれ）
水やりをせずに、土の中の水分が不足している状態。葉がしおれ、茎がだらんと垂れ下がっていたりする。短期間ならたっぷり水やりすると回復するが、長期間だとたえ回復しても株が弱ったり、ひどい場合は枯れてしまう。なお、バケツなどに水をためて20～30分、鉢ごと水につけておくとよく吸水できる。

元肥（もとごえ）
植物を植えつけるときに施す肥料。効果が長い肥料を与える。

や

誘引（ゆういん）
茎や枝を支柱やネットなどにところどころ固定して形をつくること。

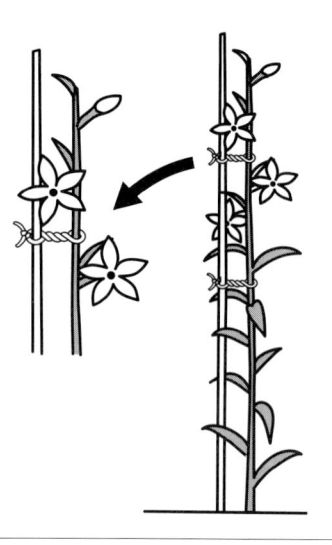

有機質肥料（ゆうきしつひりょう）
植物や動物を原料にした肥料。土中で微生物によって発酵されてから植物が利用できる遅効性肥料で、元肥に向く。発酵の途中で臭いがでるものが多いので、室内やベランダ、小さな庭には不向き。また、取り扱いに注意が必要なものが多いので、初心者には向かない。

用土（ようど）
赤玉土や鹿沼土、黒土など、園芸に使われる土をいう。タネまき用土やハンギングバスケット用土など、目的に応じてブレンドされた培養土をいう場合もある。

寄せ植え（よせうえ）
複数の植物をコンテナ（鉢）に植えること。混植を指している場合が多い。

ら

ランナー
イチゴやオリヅルランなど、茎が横に伸びてその先に小株ができる。この横に伸びる茎をランナーという。

レイズドベッド
石やレンガを積み上げたりして、地面より高い位置にある花壇のこと。排水性がよくなり、庭に変化を出せる。

冷涼地（れいりょうち）
中部地方以北の、夏は比較的冷涼な気候で、北海道および中部以北の山間地を除く地域をいう。→温暖地

わ

わい性（わいせい）
基本種に比べて草丈が低いこと。

わき芽（わきめ）
葉のつけ根につく芽で、腋芽（えきが）ともいう。トマトなど、わき芽が多数伸びるものはすべてのわき芽を伸ばすと葉が茂りすぎて日当たりと風通しが悪くなり生育が衰えるので、わき芽の数を1〜2本に制限して、ほかは摘み取る。

154

目的別入手先ガイド

素敵なお庭で見つけた植物や雑貨はわが家にもほしくなります。

植物の入手

入手したい植物の情報をよく確認して購入しましょう。

草花や野菜の苗など（通販）

改良園
埼玉県川口市神戸123
☎048-296-1174
http://www.kairyoen.co.jp

日本花卉
埼玉県川口市石神184
☎048-296-2321
http://www.rakuten.ne.jp/gold/nihonkaki

サカタのタネ
神奈川県横浜市都筑区仲町台2-7-1
☎045-945-8824
http://www.sakataseed.co.jp

タキイ種苗
京都府京都市下京区梅小路通猪熊東入
☎075-365-0123
http://www.takii.co.jp

国華園
大阪府和泉市善正町10
☎0725-92-2737
http://www.kokkaen.co.jp

草花や野菜の苗など（園芸店）

雪印種苗園芸センター
北海道札幌市厚別区上野幌1条5-1-6
☎011-891-2803
http://snowseed-garden.jp

ガーデンガーデン
宮城県仙台市青葉区上愛子蛇台原62-5
☎022-391-8718
http://www.nigachi.co.jp

フラワーガーデン泉
群馬県前橋市今井町165-4
☎027-268-5587
http://www.fg-izumi.com

ジョイフル本田（本社）
茨城県土浦市富士崎1-16-2
☎029-822-2215
http://www.joyfulhonda.com/garden

鴻巣農産物直売所 パンジーハウス
埼玉県鴻巣市寺谷165-3
☎048-596-8122
http://www.pansyhouse.com

日本橋三越本店 チェルシーガーデン
東京都中央区日本橋室町1-4-1
☎03-3274-8546
http://www.mitsukoshi.co.jp/store/1010/chelsea

オザキフラワーパーク
東京都練馬区石神井台4-6-32
☎03-3929-0544
http://www.ozaki-flowerpark.co.jp

プロトリーフ ガーデンアイランド 玉川店
東京都世田谷区瀬田2-32-14
☎03-5716-8787
http://www.protoleaf.com

TAKAHASHI plants
東京都小金井市東町1-45-21
☎0422-33-8407

※2010年2月現在

これだけは知っておきたい　用語解説　●　目的別入手先ガイド

ヨネヤマ プランテイション本店
神奈川県横浜市港北区新羽町2582
☎ 045-541-4187
http://www.yoneyama-pt.co.jp

新津市花き総合センター「花夢里にいつ」
新潟県新潟市秋葉区川根438
☎ 0250-21-6633
http://www.jainfo-niigata.co.jp/satsuki/kaki

中山園
山梨県北杜市小淵沢町上笹尾1026
☎ 0551-36-2596
http://www.nakayamaen.com

浜北営農緑花木センター
静岡県浜松市浜北区新原6677
☎ 053-587-8728
http://www.ja-shizuoka.or.jp/topia/event/ryokkaboku

名古屋園芸
愛知県名古屋市中区東桜2-18-13
☎ 052-931-8701
http://nagoyaengei.co.jp

日本ライン花木センター
岐阜県可児市土田4567
☎ 0574-25-3126
http://www.ctk.ne.jp/~hanaya

まつおえんげい
京都府京都市西京区大枝西長町3-70
☎ 075-331-0358
http://matsuoengei.web.fc2.com

陽春園
兵庫県宝塚市山本台1-6-33
☎ 0797-88-2112
http://www.yoshunen.co.jp

レイクサイドガーデン
岡山県岡山市菅野4414
☎ 086-294-1101

吉本花城園
岡山県岡山市(※)
http://www.yoshimotokajoen.co.jp

吉本花城園
山口県防府市高倉2-19-25
☎ 0835-22-5900
http://www.green-shop.com

平田ナーセリー久留米本店
福岡県久留米市善導寺町木塚288-1
☎ 0942-47-3402
http://www.hirata-ns.co.jp

宿根草など

ミヨシ ペレニアルガーデンショップABABA
山梨県北杜市小淵沢町上笹尾3181
☎ 0551-36-5918
http://www.miyosi.co.jp/ababa

おぎはら植物園 上田店
長野県上田市芳田1193
☎ 0268-36-4074
http://www.ogis.co.jp

球根

球根屋さん・com
神奈川県横浜市都筑区牛久保3-4-6-106 河野自然園
☎ 045-913-3757
http://www.kyukon.com

東樹園
新潟県新潟市南区上八枚733
☎ 025-373-2611
http://www.tojuen.co.jp

ハーブ

玉川園芸 日野春ハーブガーデン
山梨県北杜市長坂町日野2910
☎ 0551-32-2970
http://www.hinoharu.com

バラ

京成バラ園芸
千葉県八千代市大和田新田755
☎ 047-450-4752（バラ営業部 通信販売担当）
http://www.keiseirose.jp

バラの家
埼玉県北葛飾郡杉戸町堤根4425-1
☎ 0480-35-2668
http://www.rakuten.co.jp/baranoie

156

目的別入手先ガイド

村田ばら園
神奈川県横浜市青葉区奈良町2791-2
☎ 045-962-1199
http://muratabaraen.jp

コマツガーデン
山梨県笛吹市石和町窪中島587
☎ 055-262-7429
http://www.komatsugarden.co.jp

京阪園芸
大阪府枚方市伊加賀寿町1-5
☎ 072-844-1134（代）
http://www.keihan-engei.com

クレマチス

及川フラグリーン
岩手県花巻市東和町砂子1-403
☎ 0198-44-3024
http://shop.ofg-web.com

春日井園芸センター
岐阜県土岐市鶴里町柿野1709-120
☎ 0572-52-2238
http://www.clematis.tv

クリスマスローズ

音ノ葉
東京都文京区関口2-11-31
☎ 03-3942-0108
http://www.oto-no-ha.jp

ズーニィ・カンパニー
長野県長野市若穂川田874-6
☎ 026-282-7225
http://www.zoony.jp

植物工房Studioうもーり
愛知県豊橋市牟呂市場町7-12
☎ 0532-33-1887
http://homepage2.nifty.com/studio-umorly

観葉植物

グリーン・マーケット
☎ 050-5525-9153
http://www.ecogreen.ne.jp/plama/shop

ツール・雑貨などの入手

ガーデンツールから素材、雑貨、庭づくりまで、お好みのスタイルが見つかるでしょう。

toolbox西麻布
東京都港区西麻布1-15-4 田中ビル1階
☎ 03-6411-5689
http://www.rakuten.co.jp/toolbox
ガーデンツールからウェアまで、庭のセンスがアップする欧米の商品がそろう。

Buriki no Zyoro（ブリキのジョーロ）
東京都目黒区自由が丘3-6-15
☎ 03-3724-1187
http://buriki.jp/home

花やガーデンにまつわる商品を広く取り扱うほか、ガーデンツールのコーディネートや庭づくりも行う。

BROCANTE（ブロカント）
東京都目黒区自由が丘3-7-7
☎ 03-3725-5584
http://brocante-jp.biz
センスあふれるアンティーク雑貨やガーデンツールのコーディネートが魅力のお店。

GALLUP（ギャラップ）
世田谷メイン・ショールーム
東京都世田谷区太子堂5-31-17
☎ 03-3410-0045
http://www.thegallup.com
古材からアンティークの輸入素材など、幅広く販売しているお店。

OAKEN BUCKET（オークンバケット・西荻店）
東京都杉並区西荻北4-6-15
☎ 03-5310-6624
http://www.oaken-bucket.com
愛らしい雑貨の販売から庭づくり、メンテナンス、バラの教室などを行っている。

THE OLD TOWN（ザ・オールドタウン）
千葉県印旛郡酒々井町本佐倉413
☎ 043-497-0666
http://www.yosuue.com/oldtown.html
アンティーク雑貨やオリジナルの鉢、魅力的な寄せ植えが人気のお店。

ツリウキソウ（→フクシア） …… 78	ハナスベリヒユ（→ポーチュラカ） …… 67	フロックス・ドラモンディ …… 47	モントレーイトスギ（→ゴールドクレスト） ……… 64
ツリガネズイセン（→シラー・カンパヌラータ） ……………… 50	ハナタバコ（→ニコチアナ） …… 63	ベアグラス（→カレックス 'エバーゴールド'） ………………… 66	**ヤ**
ディアスシア ………………… 66	ハナニラ …………………… 52	ベゴニア・センパフローレンス ……………………………… 79	ヤロー（→アキレア） ……… 92
ティーツリー（→メラレウカ） ……………………………… 90	ハナビシソウ ……………… 97	ペチュニア ………………… 79	ユーパトリウム …………… 93
ディソディア（→ダールベルグデージー） …………………… 77	ハナホタル（→コツラ・バルバータ） …………………… 96	ヘデラ ……………………… 81	ユーフォルビア '白雪姫' … 39
デイリリー（→ヘメロカリス） … 93	ハボタン …………………… 78	ベニベンケイ（→カランコエ） … 37	ユーフォルビア 'ダイヤモンドフロスト' …… 47
デージー …………………… 46	バラ ブッシュローズ ……… 102	ヘメロカリス ……………… 93	ユーフォルビア・レウコセファラ（→ユーフォルビア '白雪姫'） … 39
デルフィニウム …………… 97	バルーンバイン（→フウセンカズラ） ……………………… 105	ヘリクリサム ……………… 81	ユリ ………………………… 53
テンジクアオイ（→ゼラニウム） ……………………………… 77	パンジー …………………… 95	ヘレボルス（→クリスマスローズ） ……………………………… 106	ヨルガオ …………………… 105
トキワザクラ（→プリムラ・オブコニカ） … 38	ヒアシンス ………………… 52	ポインセチア ……………… 39	**ラ**
トリフォリウム・レペンス（→クローバー） ……………… 94	ヒース（→エリカ） ………… 36	ポーチュラカ ……………… 67	ラナンキュラス …………… 53
トレニア …………………… 78	ピーマン …………………… 69	ホスタ（→ギボウシ） …… 107	ラベンダー ………………… 93
ナ	ヒエンソウ（→デルフィニウム） ……………………………… 97	ボタンイチゲ（→アネモネ） … 50	ラムズイヤー ……………… 94
ナスタチウム ……………… 78	ビオラ ……………………… 95	ポットマム（→キク） ……… 62	ランタナ …………………… 79
ナツスミレ（→トレニア） … 78	ビジョザクラ（→バーベナ） … 63	ホリホック（→タチアオイ） … 91	リーガースベゴニア（→エラチオールベゴニア） … 37
ナルシッサス（→スイセン） … 38	ヒナギク（→デージー） …… 46	**マ**	リーフレタス ……………… 71
ニガウリ …………………… 105	ヒマワリ …………………… 101	マーガレット ……………… 65	リシマキア・ヌンムラリア … 108
ニゲラ ……………………… 97	ヒメキンギョソウ ………… 97	マートル（→ギンバイカ） … 64	リナリア（→ヒメキンギョソウ） ……………………………… 97
ニコチアナ ………………… 63	ヒメコスモス（→ブラキカム） ……………………………… 65	マリーゴールド …………… 101	ルッコラ（→ロケット） …… 71
ニチニチソウ ……………… 63	ヒューケラ ………………… 108	マンネンロウ（→ローズマリー） ……………………………… 67	ルリカラクサ（→ネモフィラ） … 67
ニューギニアインパチェンス（→インパチェンス） ……… 98	ビンカ（→ニチニチソウ） … 63	ミストフラワー（→ユーパトリウム） ……………………………… 93	ルリチョウソウ（→ロベリア・エリヌス） … 79
ニラ ………………………… 69	フィソステギア …………… 92	ミズナ ……………………… 70	ルリヒナギク（→ブルーデージー） ……………………………… 46
ニワナズナ（→スイートアリッサム） ……………………………… 66	フイリカキドウシ（→グレコマ） ……………………………… 80	ミニアイリス ……………… 52	ルリマツリ ………………… 65
ネコノヒゲ ………………… 101	フウギク（→サイネリア） … 37	ミニトマト ………………… 70	レースラベンダー ………… 39
ネモフィラ ………………… 67	フウセンカズラ …………… 105	ミムラス …………………… 47	レケナウルティア（→ハツコイソウ） ………… 38
ノースポール（→クリサンセマム 'ノースポール'） ………… 45	フウチソウ ………………… 108	ミヤコワスレ ……………… 93	レプトスペルマム（→ギョリュウバイ） ……… 90
ハ	フウリンソウ（→カンパヌラ・メディウム） … 96	ミヤマヨメナ（→ミヤコワスレ） ……………………………… 93	レモンバーム ……………… 71
ハアザミ（→アカンサス） … 91	フェンネル ………………… 70	ミューレンベッキア（→ワイヤープランツ） ………………… 81	ローズマリー ……………… 67
ハーデンベルギア ………… 38	フォゲッツミーノット（→ワスレナグサ） ………… 47	ミント ……………………… 71	ローダンセマム（→クリサンセマム・マウイ） ………………… 45
バーベナ …………………… 63	フォックスグローブ（→ジギタリス） …………… 96	ムーンフラワー（→ヨルガオ） ……………………………… 105	ロケット …………………… 71
バイオレットクレス（→イオノプシジウム） …… 66	フクシア …………………… 78	ムギセンノウ（→アグロステンマ） ……………………………… 96	ロベリア・エリヌス ……… 79
ハクチョウソウ（→ガウラ） … 92	フユシラズ（→カレンデュラ '冬知らず'） ……………………… 95	ムスカリ …………………… 53	**ワ**
バコパ ……………………… 67	ブラキカム ………………… 65	ムラサキクンシラン（→アガパンサス） ………… 92	ワイヤープランツ ………… 81
バジル ……………………… 69	フリージア ………………… 52	メラレウカ ………………… 90	ワスレナグサ ……………… 47
パセリ ……………………… 69	プリムラ・オブコニカ …… 38	メランポジウム …………… 101	
ハツコイソウ ……………… 38	プリムラ・ポリアンサ …… 39	モーニンググローリー（→アサガオ） ……………………… 105	
ハナトラノオ（→フィソステギア） ……………………………… 92	ブルーデージー …………… 46	モクシュンギク（→マーガレット） ……………………………… 65	
ハナキンポウゲ（→ラナンキュラス） ……………………………… 53	ブルーファンフラワー（→スカエボラ） …………… 77	モンキーフラワー（→ミムラス） ……………………………… 47	
	ブルーベリー ……………… 70		
	プルンバゴ（→ルリマツリ） … 65		

はじめての花づくり
植物名索引

※図鑑ページの索引です。

ア

- アイビー(→ヘデラ) ……………… 81
- アイビーゼラニウム ……………… 76
- アガパンサス ……………………… 92
- アカンサス ………………………… 91
- アキザクラ(→コスモス) ………… 99
- アキレア …………………………… 92
- アクイレギア ……………………… 107
- アグロステンマ …………………… 96
- アゲラタム ………………………… 98
- アサガオ …………………………… 105
- アサギズイセン(→フリージア) ……………………………………… 52
- アザレア …………………………… 36
- アジュガ …………………………… 107
- アネモネ …………………………… 50
- アフリカホウセンカ(→インパチェンス) …………… 98
- アメリカンブルー ………………… 76
- アラセイトウ(→ストック) ……… 95
- アルテルナンテラ'千日小坊' …… 64
- アンゲロニア ……………………… 98
- イオノプシジウム ………………… 66
- イソトマ …………………………… 76
- イチゴ ……………………………… 68
- イフェイオン(→ハナニラ) ……… 52
- イポメア …………………………… 80
- イリス・レティキュラータ(→ミニアイリス) ………………… 52
- インパチェンス …………………… 98
- ウイキョウ(→フェンネル) ……… 70
- エボルブルス(→アメリカンブルー) ………… 76
- エラチオールベゴニア …………… 37
- エリカ ……………………………… 36
- エリゲロン・カルビンスキアヌス ……………………………………… 94
- オステオスペルマム ……………… 44
- オリヅルラン ……………………… 80

カ

- ガーデンシクラメン ……………… 62
- ガーベラ …………………………… 44
- ガウラ ……………………………… 92
- カガリビバナ(→ガーデンシクラメン) …………… 62
- カガリビバナ(→シクラメン) …… 37
- ガザニア …………………………… 44
- カシワバアジサイ ………………… 90
- カスミソウ'ガーデンブライド' ……………………………………… 98
- カッコウアザミ(→アゲラタム) ……………………………………… 98
- カプシカム(→ゴシキトウガラシ) ……………………………………… 99
- カミツレ(→カモミール) ………… 68
- カモミール ………………………… 68
- カランコエ ………………………… 37
- ガランサス(→スノードロップ) ……………………………………… 51
- カリフォルニアポピー(→ハナビシソウ) ………………… 97
- カリブラコア ……………………… 77
- カレックス'エバーゴールド' ……………………………………… 66
- カレンデュラ'冬知らず' ………… 95
- カンパヌラ・メディウム ………… 96
- キキョウナデシコ(→フロックス・ドラモンディ) ………………… 47
- キク ………………………………… 62
- キブネギク(→シュウメイギク) ……………………………………… 107
- ギボウシ …………………………… 107
- キョウナ(→ミズナ) ……………… 70
- ギョリュウバイ …………………… 90
- ギンセンバグリ(→フクジュソウ) ……………………………………… 108
- キンギョソウ ……………………… 45
- ギンバイカ ………………………… 64
- キンランジソ(→コリウス) ……… 80
- キンレンカ(→ナスタチウム) …… 78
- クリサンセマム'ノースポール' ……………………………………… 45
- クリサンセマム・マウイ ………… 45
- クリサンセマム・ムルチコーレ ……………………………………… 45
- クリスマスローズ ………………… 106
- クリムソンクローバー …………… 62
- グレープヒアシンス(→ムスカリ) ……………………………………… 53
- クレオメ …………………………… 99
- グレコマ …………………………… 80
- クレマチス ………………………… 104
- クローバー ………………………… 94
- クロタネソウ(→ニゲラ) ………… 97
- クロッカス ………………………… 50
- クンショウギク(→ガザニア) …… 44
- ケイトウ …………………………… 99
- ゲンペイコギク(→エリゲロン・カルビンスキアヌス) ………… 94
- ゴーヤ(→ニガウリ) ……………… 105
- ゴールドクレスト ………………… 64
- ゴシキトウガラシ ………………… 99
- コスモス …………………………… 99
- コツラ・バルバータ ……………… 96
- コマチフジ(→ハーデンベルギア) ……………………………………… 38
- コマツナ …………………………… 68
- コリウス …………………………… 80
- コルジリネ・オーストラリス …… 64

サ

- サイネリア ………………………… 37
- サツマイモ(→イポメア) ………… 80
- サルビア …………………………… 100
- サルビア・エレガンス(→シュッコンサルビア) …… 91
- サルビア・グアラニティカ(→シュッコンサルビア) …… 91
- サルビア・コクシネア(→サルビア) ……………………… 100
- サルビア・スプレンデンス(→サルビア) ……………………… 100
- サルビア・ファリナセア(→サルビア) ……………………… 100
- サルビア・ミクロフィラ(→シュッコンサルビア) …… 91
- サルビア・レウカンサ(→シュッコンサルビア) …… 91
- サンシキスミレ(→パンジー、ビオラ) ………… 95
- サンパチェンス …………………… 100
- サンフラワー(→ヒマワリ) ……… 101
- 四季咲きナデシコ(→ダイアンサス'テルスター') ………………… 46
- 四季咲きベゴニア(→ベゴニア・センパフローレンス) ………… 79
- ジギタリス ………………………… 96
- シクラメン ………………………… 37
- シトウ ……………………………… 69
- シソ ………………………………… 68
- シチヘンゲ(→ランタナ) ………… 79
- ジニア'プロフュージョン' ……… 63
- ジニア・リネアリス ……………… 65
- シネラリア(→サイネリア) ……… 37
- ジプソフィラ・ムラリス(→カスミソウ'ガーデンブライド') …… 98
- シュウメイギク …………………… 107
- シュッコンサルビア ……………… 91
- シュッコンネメシア ……………… 46
- シュッコンバーベナ ……………… 94
- ショウジョウボク(→ポインセチア) ………………… 39
- シラー・カンパヌラータ ………… 50
- シラー・シベリカ ………………… 51
- シラユキゲシ ……………………… 108
- シロタエギク ……………………… 81
- スイートアリッサム ……………… 66
- スイートバジル(→バジル) ……… 69
- スイセン …………………………… 38
- スカエボラ ………………………… 77
- スタキス(→ラムズイヤー) ……… 94
- ステラ(→バコパ) ………………… 67
- ストック …………………………… 95
- ストロベリー(→イチゴ) ………… 68
- ストロベリーキャンドル(→クリムソンクローバー) …… 62
- スナップドラゴン(→キンギョソウ) ………………… 45
- スノードロップ …………………… 51
- スノーポピー(→シラユキゲシ) ……………………………………… 108
- セイヨウオダマキ(→アクイレギア) ………………… 107
- セイヨウキランソウ(→アジュガ) ……………………………………… 107
- セイヨウフウチョウソウ(→クレオメ) ………………………… 99
- ゼラニウム ………………………… 77
- セロシア(→ケイトウ) …………… 99
- センニチコウ ……………………… 100
- センニチコボウ(→アルテルナンテラ'千日小坊') ………………… 64

タ

- ダールベルグデージー …………… 77
- ダイアンサス'テルスター' ……… 46
- ダスティーミラー(→シロタエギク) ……………………………………… 81
- タチアオイ ………………………… 91
- ダッチアイリス …………………… 51
- チューリップ ……………………… 51
- ツクバネアサガオ(→ペチュニア) ……………………………………… 79
- ツボサンゴ(→ヒューケラ) …… 108

山田幸子(やまだ ゆきこ)

園芸研究家、フローラルプランナーズチーム代表。千葉大学園芸学部卒業。日本ガーデンデザイン専門学校講師。女性の立場に立った、「くらしの中の花づくりで潤いのあるライフスタイル」を提唱。わかりやすく的確な解説で評価が高く、新聞、雑誌などで活躍中。
著書に、『二十四節気でわかる 園芸作業』(主婦の友社)、『12ヵ月花づくり庭しごと―ガーデニングカレンダー』(講談社)、『わたし流83の花づくり』(家の光協会)、共著に『くらしの花大図鑑』(講談社)などがある。

装丁●伊勢弥生(DNPメディア・アートdmsc)
本文デザイン●保坂美季子(AMI)
写真撮影●講談社写真部(山口隆司、林 桂多、森 清、米沢 耕)
写真提供●京阪園芸、住友化学園芸、東京フォトアーガス、講談社資料センター、山田幸子
イラスト●梶原由加利、角 慎作、水沼マキコ
編集協力●講談社エディトリアル 大滝慶子

撮影協力●安城産業文化公園デンパーク、アンディ&ウイリアムスボタニックガーデン、音ノ葉、加藤まなぶ、北島るみ子、斉藤よし江、坂梨一郎、toolbox西麻布、Dr.Honma's Guest House、日本ガーデンデザイン専門学校、林 美亜子、柏芳園、プラネット、フラワーオークションジャパン、穂坂友子、穂坂光雄、穂坂八重子、松田量子、ミヨシ・ペレニアル・ガーデン
寄せ植え、ハンギングバスケット作成●伊藤商事、富屋 均、難波光江

今日から使えるシリーズ
決定版 はじめての花づくり
2010年3月16日 第1刷発行

著 者 山田幸子
発行者 鈴木 哲
発行所 株式会社 講談社
〒112-8001 東京都文京区音羽2-12-21
編集部 ☎ 03-5395-3527
販売部 ☎ 03-5395-3625
業務部 ☎ 03-5395-3615
印刷所 大日本印刷株式会社
製本所 大口製本印刷株式会社

定価はカバーに表示してあります。
本書の無断複写(コピー)は、著作権法上での例外を除き、禁じられています。
落丁本 乱丁本は購入店名を明記のうえ、小社業務部あてにお送りください。
送料は小社負担にてお取り替えいたします。
なお、この本の内容についてのお問い合わせは、生活文化第一出版部あてにお願いいたします。
©Yukiko Yamada 2010, Printed in Japan
ISBN978-4-06-280789-0